**POR UM PEDAGOGIA
DA PERGUNTA**

Antonio Faundez

POR UM PEDAGOGIA DA PERGUNTA

Paulo Freire

12ª edição

Paz & Terra
Rio de Janeiro
2022

Copyright © Herdeiros Paulo Freire

Direitos de edição da obra em língua portuguesa adquiridos pela EDITORA PAZ E TERRA. Todos os direitos reservados. Nenhuma parte desta obra pode ser apropriada e estocada em sistema de banco de dados ou processo similar, em qualquer forma ou meio, seja eletrônico, de fotocópia, gravação etc., sem a permissão do detentor do copyright.

EDITORA PAZ E TERRA LTDA.
Rua Argentina, 171 – São Cristóvão
Rio de Janeiro, RJ – 20921-380
www.record.com.br

Seja um leitor preferencial Record.
Cadastre-se e receba informações sobre nossos lançamentos e nossas promoções.

Atendimento e venda direta ao leitor:
sac@record.com.br

Texto revisado pelo novo Acordo Ortográfico da Língua Portuguesa.
Tradução do texto de Antonio Faundez e revisão técnica: Heitor Ferreira da Costa.

CIP-BRASIL. CATALOGAÇÃO NA FONTE
SINDICATO NACIONAL DOS EDITORES DE LIVROS, RJ

Freire, Paulo, 1921-1997
    Por uma pedagogia da pergunta / Paulo Freire, Antonio Faundez. - 12. ed. - Rio de Janeiro: Paz e Terra, 2022.
    240 p.

    ISBN 978-85-7753-428-9

  1. Educação. 2. Educação - Aspectos políticos. 3. Educação - Aspectos sociais. 4. Livros eletrônicos. I. Faundez, Antonio. II. Título.

21-71504   CDD-370.1
                                   CDU-37.1

Leandra Felix da Cruz Candido - Bibliotecária - CRB-7/6135

Impresso no Brasil
2022

A Irmela Köhler, Helen Mackintosh, Inge Kissinger e Irene Heyartz, de quem não apenas recebi, em momentos diferentes, eficiente colaboração no Departamento de Educação do Conselho Mundial de Igrejas, mas de quem me tornei real amigo.

A Cristina Freire Heiniger, por sua fundamental ajuda na feitura deste livro.

Paulo Freire

Aos homens e mulheres que na África e na América Latina estão criando diariamente uma educação popular.

Antonio Faundez

Apresentação
PARA DESCOLONIZAR NOSSA MENTE

EM 1985, QUANDO FOI LANÇADO o livro *Por uma pedagogia da pergunta*, observei a Paulo Freire que este livro deveria ter uma introdução que situasse o contexto sobre o qual ele e Antonio Faundez estavam dialogando. Paulo Freire concordou comigo, mas não voltamos mais ao assunto. Coincidentemente, 26 anos depois, no momento em que a Editora Paz e Terra está relançando esta obra, chega-me o convite para fazer essa apresentação. Aceitei feliz, relembrando um de muitos momentos vividos com ele.

Compartilho com o leitor e a leitora um pouco do contexto que conheço da convivência com Paulo Freire de como nasceu este livro. Quando estava para retornar ao Brasil, em 1979, depois de quase dezesseis anos de exílio, Paulo Freire precisava indicar alguém para substituí-lo no Departamento de Educação do Conselho Mundial de Igrejas, em Genebra. Ele tinha dois nomes em mente: o educador brasileiro Carlos Rodriguez Brandão e o educador chileno Antonio Faundez. Carlos Brandão, que tinha sido o primeiro educador a escrever sobre o conhecido "Método de Paulo Freire", não queria sair do Brasil e morar em Genebra, justamente no momento em que Paulo ia retornar do exílio. Antonio Faundez, que já estava morando na Suíça como exilado, havia trabalhado com ele na África e, portanto, estando no Conselho Mundial de Igrejas em seu lugar, poderia dar continuidade aos caminhos abertos por ele. Para alegria de Paulo, Antonio Faundez aceitou o desafio.

Neste livro eles relembram muitos dos momentos dessa assessoria realizada na África, juntos, em vários países recém-libertados da colonização europeia, colaborando na implantação de seus sistemas de ensino pós-coloniais.

Foi justamente no escritório do Departamento de Educação do Conselho Mundial de Igrejas, em Genebra, que havia sido de Paulo Freire e agora era ocupado por Antonio Faundez, que eles, em agosto de 1984, tiveram esse diálogo, que foi gravado, transcrito, revisado e publicado em livro. Paulo estava iniciando a produção de um conjunto de livros "falados", em diálogo com outros educadores.

Pelos diálogos aqui apresentados, os leitores têm a oportunidade de conhecer o quanto Paulo Freire aprendeu com seu trabalho na África. Ele afirmou que ao pisar no chão africano ele se sentia como se estivesse pisando no chão brasileiro. O trabalho de Paulo Freire na África foi decisivo para a sua trajetória, não só por reencontrar-se com sua própria história e por empreender novos desafios no campo da alfabetização de adultos, mas, principalmente, pelo encontro com a teoria e a prática desse extraordinário pensador humanista e revolucionário africano que foi Amílcar Cabral.

As experiências de Paulo Freire na África remodelaram sua pedagogia. Inserido em processos de reconstrução nacional, realizou a simbiose entre educação e forças produtivas, incorporando o trabalho como princípio educativo. Essa evolução no seu pensamento, ele a deve ao seu encontro com a África; os aprendizados aí construídos foram muito importantes nas obras escritas posteriormente. Paulo Freire radicalizou aí o seu pensamento. Sua pedagogia continuou humanista, mas agora entendendo melhor, na prática, como o sistema econômico era desumanizador.

Um dos temas que mais aflige Paulo Freire nas campanhas de alfabetização da África era a questão da língua. Aqui ele dialoga em vários momentos com Antonio Faundez sobre esse tema. Ele argumentava que não era possível alfabetizar um povo numa língua que lhe era estranha, o português. Ele sabia que o tema era delicado e que a questão não era negar a importância da língua portuguesa, mas temia que, com a imposição da "língua do colonizador", os novos dirigentes estariam também aprofundando as diferenças entre as classes sociais em lugar de resolvê-las. A língua é parte da cultura e a língua portuguesa como língua do colonizador estava impregnada dos valores culturais dos colonizadores. O discurso do colonizador estabelecia hierarquia entre as culturas e valorizava socialmente a língua portuguesa, em detrimento da língua e da cultura do colonizado. Ideologicamente, construía-se a visão de que o colonizado precisava da proteção política e da cultura "superior" do colonizador. A independência política não podia prescindir da independência cultural.

Paulo Freire pretendia, com as campanhas de alfabetização, revalorizar as expressões culturais autóctones, o que era sistematicamente recusado pelos colonizadores.

A libertação política não eliminava a presença do colonizador. Ele continua na cultura imposta e introjetada no colonizado. Neste livro Paulo Freire cita um discurso do presidente de Cabo Verde, Aristides Pereira, que afirmava: "Expulsamos o colonizador, mas precisamos agora descolonizar as nossas mentes."

O trabalho educativo pós-colonial se impõe como tarefa de descolonização das mentes e dos corações. Nesses termos, a pedagogia freiriana na libertação da África deve ser entendida como um trabalho educativo pós-colonial de superação da ideologia anterior que continuava viva na cultura do ex-colonizado. Assim como é necessária a luta social para a descolonização política, também é necessária a luta por uma outra educação, libertada dos traumas coloniais e que consiga descolonizar as mentes. A colonização na África visava "desafricanizar" por meio da educação elitista, em apoio ao projeto dos colonizadores. Nesse contexto, só restava aos intelectuais burgueses comprometidos com a libertação nacional traírem sua classe, ou como dizia Amílcar Cabral, serem "suicidas de classe", colaborando na reafricanização da África.

Além desses debates, o leitor e a leitora encontrarão neste livro preciosas reflexões a partir da prática de ambos não só na África, mas também em outros países da América Latina, particularmente no Brasil, no Chile e na Nicarágua. O tema da "oralidade", por exemplo, no trabalho de alfabetização de adultos, é aqui tratado em vários momentos. Ambos se questionavam se havia sentido em ensinar a um camponês, habituado a uma cultura oral, a ler e escrever numa língua que está de fato ausente de sua prática social cotidiana. Numa cultura essencialmente de expressão oral, a educação deve levar em conta os meios de transmissão da cultura, não privilegiando a expressão cultural escrita em detrimento da expressão oral. A passagem da cultura oral para a escrita requer anos de intenso trabalho. Não basta o aprendizado teórico da língua. É preciso que ela seja utilizada permanentemente no cotidiano do neoalfabetizado.

Não há dúvida de que o debate dessas e de outras questões interessam não apenas ao estudioso da obra de Paulo Freire. Elas são ainda muito atuais, passadas mais de duas décadas. O pensamento de Paulo Freire é muito atual.

A educação é um processo universal, mas são muitas as concepções e as práticas, diferentes e até antagônicas, que a materializam. Por isso é preciso qualificá-la, isto é, dizer de que educação estamos falando. Aqui Paulo Freire e Antonio Faundez nos falam de suas experiências como educadores populares. O paradigma da educação popular se constitui numa rica e variada tradição reconhecida pelo seu caráter emancipatório, alternativo, alterativo e participativo na luta contra-hegemônica. A educação popular se constitui na contribuição teórica mais importante da América Latina ao pensamento pedagógico universal.

As inspiradoras contribuições destes autores à educação popular continuam muito atuais, constantemente reinventadas por novas práticas sociais e educativas. Elas nos mostram a importância de teorizar a prática para transformá-la, a necessidade de reconhecer o saber popular e de harmonizar o formal e o não formal.

Não há como não reconhecer a politicidade inerente ao ato educativo defendida por eles. Eles se recusam a aceitar o pensamento pretensamente neutro ou fatalista nos deixando como legado uma concepção da educação como prática da liberdade, precondição para a vida democrática, uma educação como produção e não meramente como transmissão de conhecimentos, uma concepção da educação como ato dialógico ao mesmo tempo rigoroso e imaginativo. Enfim, uma pedagogia comprometida com a cidadania ativa. E isso é muito atual.

Moacir Gadotti
Diretor do Instituto Paulo Freire
São Paulo, 1 de outubro de 2011

Antonio Faundez: Penso que, neste nosso diálogo, poderíamos partir de temas ou de nossas experiências concretas. No primeiro caso, discutiríamos conceitos determinados, como eles se aplicam à realidade, como se transformam à medida que vão sendo aplicados a realidades diversas etc. No segundo, poderíamos falar de nossa experiência na África e na América Latina; de experiências que nos sejam comuns a ambos ou mesmo daquelas que não o sejam.

Paulo Freire: Ou, então, uma combinação das duas hipóteses. Ao associarmos as duas possibilidades, criamos um espaço de liberdade em que a espontaneidade de cada um de nós vai ter um certo papel no desenvolvimento dos temas. É uma boa ideia, creio.

De qualquer maneira, porém, me parece que deveríamos, dialogicamente, fazer uma espécie de introdução ao livro de que estamos começando a "falar". Uma introdução em cujo corpo fôssemos não apenas apontando este ou aquele tema ou esta ou aquela experiência a tratar, mas já os tomássemos como objetos de nossa reflexão.

Penso, também, por exemplo, que seria interessante dizer a seus possíveis leitores e leitoras que a ideia de fazermos juntos este livro, se não nasceu propriamente, foi reavivada numa noitada em tua casa, há mais ou menos seis meses, regada a bom vinho chileno a que se juntavam não menos boas *empanadas* também.

Hoje estamos aqui em Genebra, de novo, no teu escritório, para começar o trabalho que nos tínhamos proposto. E a impressão que tenho é a de que deveríamos, neste primeiro momento de nosso trabalho comum, dizer aos que amanhã apanhem este livro para lê-lo, algo sobre por que um livro assim, por que um livro "falado", por que não um livro escrito por nós dois — capítulos teus; capítulos meus — ou por que não dois livros, um escrito por ti, outro, por mim. E que vamos assim dialogando os dois. Um pedaço eu digo, outro tu dizes. E que vamos assim nos desafiando nesta primeira conversa em que, ao mesmo tempo, estaremos nos preparando, ao viver o processo de "falar" o livro, para levar a cabo o nosso projeto.

Eu me arriscaria a dizer aos leitores alguma coisa já sobre por que um livro assim.

Em primeiro lugar, não sei se tu vais concordar comigo, acho que esta é uma experiência intelectual interessante, rica, realmente criadora. Experiência que não me é, na verdade, estranha. De dois anos a esta parte tenho trabalhado desta forma, e nada me sugere que deva desistir de fazê-lo.

De fato, "falar" um livro a dois, a três, em lugar de escrevê-lo a sós, rompe um pouco, pelo menos, com uma certa tradição individualista na criação da obra e tirando-nos da intimidade gostosa — por que não dizê-lo? — do nosso quarto de trabalho, nos põe abertos um ao outro, na aventura de pensar criticamente.

No nosso caso, agora, de pensar uma prática permeada de temas, de que ora participamos juntos, ora separadamente.

E este pensar, que no fundo é um repensar, tem que ver, de um lado, com o que eu, junto com outros, fiz diretamente na África e em outras partes do mundo, enquanto trabalhava nesta casa, e sobre que tantas vezes discuti contigo; de outro, com o que tu passaste a fazer ao substituir-me no Departamento de Educação do Conselho, após o meu retorno ao Brasil, em junho de 1980.

Me lembro agora, por exemplo, de um trabalho que fizemos juntos, ainda que não dialogicamente como estamos fazendo este livro. Me refiro aos textos que escrevemos separadamente para a alfabetização e a pós-alfabetização de São Tomé e Príncipe, mas que submetíamos à discussão de ambos.

Agora, convencidos da validade de fazermos juntos um livro dialógico, sem pretender de modo nenhum invalidar o esforço de escrever sozinhos, pois tanto eu quanto tu, ao lado de um sem-número de intelectuais, continuamos a escrever nossos textos individualmente, estamos aqui em torno de uma mesa para "conversar" um livro. E, ao fazê--lo, estamos aceitando, responsavelmente, nos expor a uma experiência significativa: a de um trabalho em comunhão.

Isto não significa, porém, de maneira nenhuma, que um tal empenho negue ou anule o que seja marcadamente meu e teu, enquanto expressão mais profunda de nós, no produto final e comum. Este fazer em comunhão e esta experiência dialógica me interessam enormemente. Como disse antes, venho fazendo isso no Brasil e acabo de viver algo semelhante no Canadá, em Vancouver, "falando" um livro com um excelente intelectual norte-americano, Ira Shor, em que ensaiamos responder a algumas das perguntas que vimos recebendo, ele e eu, em nossas andanças por diferentes centros universitários dos Estados Unidos e Canadá. Devo dizer que este tipo de experiência me tem enriquecido, mas também devo dizer, e em certo sentido repetir, que envolver-me nele não significa renunciar a escrever textos sozinho. E isto é o que ocorre contigo também. Acho, porém, que entregar-nos de vez em quando à tarefa de trabalhar, de criar juntos, procurando superar a tentação de estar sempre sós, de escrever sós, é um testemunho intelectual que tem sentido, que tem valor. As experiências de que falamos, sobre que discutimos criticamente e que se vão fixando agora na gravação do nosso diálogo emergem num discurso vivo, livre, espontâneo e dinâmico. É importante, contudo, sublinhar que a vivacidade do discurso, a leveza da oralidade, a espontaneidade do diálogo, em si mesmos, não sacrificam em nada a seriedade da obra ou a sua necessária rigorosidade. Há quem pense ingenuamente que o rigor na análise só existe quando alguém se fecha em quatro paredes, por trás de uma porta bem segura, fechada com enorme chave. Só aí, na intimidade silenciosa dos livros ou dos laboratórios, seria possível a seriedade científica. Não, eu acho que aqui, fechados, mas ao mesmo tempo abertos ao mundo, inclusive ao da natureza que circunda o teu escritório, podemos fazer e estamos fazendo algo sério e algo rigoroso. O estilo é que é diferente, enquanto oral. É mais leve, mais afetivo, mais livre.

Bom, esta é a primeira opinião que daria aos leitores prováveis deste livro nosso sobre por que um livro "falado". Não sei se tu acrescentarias algo à minha fala, na continuidade desta espécie de introdução amena e comum.

ANTONIO: Concordo com você nesta análise, sobretudo no que você verifica a respeito da ruptura da acomodação intelectual, ou seja, esta tentativa de fazer com que o trabalho intelectual seja um trabalho coletivo. E, sem dúvida, o método que mais se presta a esse tipo de tentativa é o diálogo. Porque efetivamente dialogamos desde que nos conhecemos, em novembro de 1978, quando teve início um diálogo jamais concluído. E o que fazemos hoje não é senão uma nova etapa em nossa história dialógica, pois, como você se recorda, foi uma entrevista a nossa amiga Lígia Chiappini que permitiu que nos conhecêssemos e começássemos a dialogar.[1]

PAULO: Tens razão. Aquela entrevista da Lígia de que participaste se constituiu, em certo sentido, numa amostra pequena do que estamos fazendo hoje.

ANTONIO: De tal maneira que nosso diálogo teve início já em nosso primeiro encontro. Após nossa entrevista a Lígia, você me convidou para trabalharmos juntos; a partir de então, nesse nosso trabalho, mantivemos um diálogo constante, sobretudo com relação à experiência de São Tomé e Príncipe. Dessas conversas permanentes, recordo-me de uma especial, quando surgiu a ideia concreta de um livro, de um diálogo gravado. Voltávamos de um almoço na OIT e, em meio a nossas conversas sobre a conceituação e o significado do poder do intelectual, você interrompeu a

---

[1] Essa entrevista foi inicialmente publicada em português com o título "Encontro com Paulo Freire", em *Revista Educação e Sociedade* nº 3, maio de 1979. São PAULO: Cortez & Moraes. Mais tarde foi incluída em *Der Lehrer ist Politiker und Künstler*, obra que reúne diversos ensaios de Paulo Freire, e que sofreu revisão crítica de Antonio Faundez, também publicada em *Education Newsletter*, da Subunidade de Educação do Conselho Mundial de Igrejas.

caminhada e me disse: "Antonio, deveríamos gravar tudo isso, porque este diálogo não deve ser um diálogo exclusivamente entre mim e você; deveríamos fazer com que dele participassem outros intelectuais e não intelectuais que dialogariam conosco através de nosso diálogo." Lembra-se disso, agora?

PAULO: Exato, me lembro muito bem. Realmente aí se encontram as raízes mais remotas do projeto de nosso livro. Há seis meses, quando vindo dos Estados Unidos e por aqui passei de regresso a São Paulo, o que fizemos foi acertar o compromisso de hoje começarmos a "falar" o nosso livro. Na verdade, o desejo desta conversa, a emoção deste projeto estavam em nós, como bem sublinhaste, desde 1978, quando iniciamos, através de Lígia, uma fraterna amizade. A nossa abertura ao diálogo, que não significa estarmos sempre de acordo um com o outro, vem sendo uma constante em nossa amizade. Jamais falhou durante o tempo último de minha estada em Genebra, que coincidiu com o da tua chegada à cidade e tem continuado viva nas minhas passagens por Genebra. Daí a minha concordância com a tua afirmação de que o nosso diálogo vem existindo mesmo quando estamos distantes um do outro. Basta que nos reencontremos para que retomemos a conversa mais ou menos no pé em que ficara na última vez. É como se disséssemos: como ia te dizendo...

Creio agora, Antonio, que, enquanto a nossa conversa for se alongando neste momento que estamos chamando de introdutório, iremos explorando reflexivamente práticas anteriores e atuais e temas a elas referidos que, em sendo discutido e tratado, irão compondo e ampliando nosso diálogo.

Neste sentido, por que não falas a mim e aos leitores de amanhã, um pouco das tuas experiências de intelectual chileno no exílio? Das tuas experiências na Europa como um homem que se transplanta, não porque o queria, mas porque foi forçado historicamente a fazer o transplante que, por sua vez, implica um certo implante?

Um dos problemas fundamentais do exilado ou da exilada está exatamente em como resolver a tensão aguda entre o transplante de que é vítima e o necessário implante, que nem pode estar além nem aquém de certos limites. Se se enraíza demasiado na nova realidade, corre o risco de renunciar a suas raízes; se fica na pura superficialidade da realidade nova, corre o risco de se aniquilar numa nostalgia de que dificilmente se libertará.

O teu processo foi o meu também. Experimentei, como experimentas, a ambiguidade de estar e não estar no contexto do exílio, mas cresci na dramaticidade da experiência. É um equívoco pensar que o exílio é pura negatividade. Ele pode constituir-se também num ensaio de profunda riqueza, de profunda criatividade, se, na briga pela sobrevivência, o exilado consegue um mínimo de condições materiais. Aí, a questão que se coloca é a de saber se somos capazes de apreender os fatos em que nos envolvemos no exílio, ou não, para então aprender deles.

Insistiria em desafiar-te a que nos dissesses algo sobre esse transplante enraizante que vives hoje. Que nos falasses um pouco do transplante enquanto ruptura que exige um implante como selo existencial timbrando a nova realidade.

ANTONIO: Paulo, o que você está me pedindo é para eu contar toda a minha vida e todas as minhas experiências vitais, intelectuais e emocionais, porque o exílio, como você afirma, é uma ruptura, e ruptura é uma negação à qual devemos contrapor outra negação para alcançar o positivo, como dizia Hegel. Este é o desafio que nós, intelectuais, enfrentamos: superação do negativo para chegar a um nível no qual o exílio se torne efetivamente algo positivo, tanto para o nosso trabalho como para o que pode ajudar a transformar a realidade. Portanto, não se poderia obter uma compreensão do meu exílio sem falar do Chile. Nesse sentido, eu não poderia deixar de dizer que meu trabalho no Chile, por exemplo, é um trabalho que se faz fundamentalmente no nível das ideias, da filosofia.

Eu ensinava filosofia na Universidade, mas já nessa época a filosofia era interpretada de maneira prática. Eu e meus colegas de Departamento queríamos compreender a realidade chilena, queríamos compreender como as ideias se concretizam nas ações, nos mitos das classes sociais chilenas, nos intelectuais chilenos. Não era, portanto, pensar apenas nos grandes sistemas filosóficos, em Hegel, Platão, Aristóteles, mas sim pensar como as ideias se concretizam nas ações e na mente dos indivíduos ou dos grupos, para interpretar a realidade e transformá-la, ou não transformá-la. Assim, já havia nessa experiência uma busca em direção à realidade, em direção ao concreto.

PAULO: Mas, se tu me permites, vou funcionar agora mais ou menos como o jornalista que nunca fui. É que conheço um pouco de tua vida no Chile, que é, afinal, o grande centro marcante da tua personalidade de intelectual e de homem. Acho, por isso mesmo, que seria importante, inclusive para a continuidade do nosso próprio livro, que tu dissesses alguma coisa mais da tua experiência de professor de filosofia na Universidade de Concepción, no Chile. Universidade que era, na época em que eu estava lá, respeitável por sua seriedade.

Bem, acho que seria interessante que falasses um pouco aos leitores de como o jovem filósofo, na época já marcado por Gramsci, ensinava esta filosofia concreta a que fazias referência. Acho que deverias dizer algo mais, não deverias ser tão discreto. Dizer algo mais, porque, na medida em que explicas um pouco como trabalhavas na filosofia concretamente em Concepción, preparas o leitor para acompanhar o teu passo histórico, a tua passagem ao exílio, primeiro, na França, depois na Suíça. Para compreender o teu trabalho universitário na Europa e até para compreender a experiência mais atual, excelentemente acadêmica, que começaste a fazer no Conselho Mundial de Igrejas, ao substituir-me no setor de Educação. Acadêmica, não academicista, pois que esta, a academicista, se entretém com a sonoridade das palavras, com a descrição dos conceitos e não com a compreensão crítica do real que, em lugar de ser, ele também, puramente descrito, deve ser transformado. Experiência validamente acadêmica, enquanto preocupada com a relação prática-teoria. Eu te pediria que dissesses algo mais sobre o Chile, trazendo contigo para o exílio a experiência que fizeste em tua terra de origem.

ANTONIO: Sem dúvida, eu não poderia. Seria impossível falar da *minha* experiência: devo falar da experiência da *minha geração*. A experiência de uma geração que vive, atua e se forma num contexto determinado. E que se forma num contexto que se transforma rapidamente ao ser atingido pelas lutas populares, por toda uma intenção ou intencionalidade concreta do povo chileno de transformar a sociedade e de criar uma nova sociedade. Não havia modelos; o que se queria era apenas fazer uma sociedade diferente, mais justa e mais solidária. E é nesse processo que nossa geração se educa, estimulada por diferentes movimentos internacionais, como a libertação da África, a luta dos argelinos contra a colonização francesa, a revolução cubana e todas essas experiências latino-americanas que convidam a transformar a realidade. Então nós, estudantes de filosofia ou apenas iniciados em filosofia, não podíamos estabelecer uma separação entre as ideias e essa tentativa de transformação. A filosofia para nós constituía um meio de análise da situação política, de nossa vida no mundo concreto, em nosso país. Assim, estudar Hegel, Marx, Sartre, ou mesmo filosofia antiga, era uma forma de nos apropriarmos de certos conceitos, de uma capacidade crítica para compreender *nossa* realidade, e não um mero debater-se no ensino da filosofia dos sistemas ou dos sistemas da filosofia.

Eu diria que estudávamos filosofia para resolver problemas e não para aprender sistemas. E como isso se manifestava concretamente? Posso falar, por exemplo, de nossa concepção de pesquisa, para nós, não significava fazer uma metafísica da metafísica; era antes compreender como as ideias se concretizam na mente e na ação de um povo culturalmente dependente, como é o povo chileno, e sobretudo em nível de estratos sociais. Uma das pesquisas que empreendemos visava compreender num período determinado, entre 1890 e 1925, a influência desempenhada pelo pensamento mutualista, ou socializante, ou anarquista, entre os trabalhadores de Lota e Schwager, região carbonífera chilena. Esses operários, vindos do campo ou das redondezas, estavam ideologicamente formados numa leitura particular e histórica do catolicismo, uma leitura completamente alienante. O que queríamos ver era como esses dois elementos ideológicos — o pensamento mutualista e a formação católica — atuavam na mente dessas pessoas; que transformações sofriam ao saírem do campo para uma indústria que compreendia uma organização social diversa; o que significava para elas trabalharem juntas, organizarem-se e, em conjunto, defender reivindicações etc.

Não há dúvida de que uma pesquisa nesse nível não poderia ser uma pesquisa tradicional. Não era possível recorrer a uma biblioteca para compreender e solucionar o problema, nem tampouco recorrer a livros escritos por outros filósofos, para descobrir, por exemplo, se o conceito empregado por tal ou qual pensador estava ou não corretamente empregado, se era esta ou aquela a origem de determinada palavra etc. Esse tipo de pesquisa exigia outras fontes — e onde estavam as fontes? Como descobrir onde estavam os elementos que poderiam auxiliar na compreensão desse processo de transformação ideológica? Estavam, por exemplo, na conversa com aqueles que viveram o período em questão.

Era preciso buscar as fontes em sua origem; era preciso ir falar com aqueles que viveram o momento histórico: os mais velhos, os mineiros que haviam trabalhado naquela época. Tínhamos de ir em busca dos jornais da época, dos julgamentos da companhia contra os dirigentes sindicais; ir em busca das condenações que sofreram, somente porque desejavam organizar-se, e de sua defesa nos tribunais, onde aproveitavam para expressar suas ideias, principalmente os anarquistas.

Curiosamente, Paulo, descobrimos, em nossa pesquisa, que membros da classe trabalhadora sentiram uma espécie de obrigação moral de registrar sua experiência, e achamos cadernos onde tudo se vê em sua totalidade. Entremeia-se o familiar, o individual, as defesas individuais e desesperadas, com o que se passa na sociedade, com as greves que ocorrem na ocasião, com o papel da Igreja, com os guardas que estão dentro das minas, verdadeiro exército particular. Tudo isso, Paulo, vazado numa linguagem que é uma linguagem da vida, da história cotidiana. Agora, desgraçadamente, com o golpe de Estado, tudo isso se perdeu. Os cadernos, esses estão perdidos para sempre, porque desapareceram. Como um golpe de Estado elimina uma forma específica da vida intelectual de um país!

Sim, esses cadernos foram lidos e discutidos; e este não era um trabalho exclusivo do pessoal de filosofia; era obra de um grupo interdisciplinar constituído de professores de nossa geração, de professores de história, literatura, geografia, ciências políticas, sociologia. Toda essa equipe lia, de sua perspectiva, essas notas extraordinárias que são os escritos de um operário. E cada qual fazia uma leitura firmada no ponto de vista de sua especialidade. O literato interpretava esses textos como um documento literário, o sociólogo fazia sua análise de uma ótica sociológica, verificando que estratos da população estavam presentes e que papel desempenhavam etc.; o filósofo, por sua vez, procurava entender a luta ideológica. Tudo isso nos levava a reuniões que eram fantásticas enquanto reuniões de aprendizagem e de ensino coletivo. Os diálogos coletivos com os estudantes eram impressionantes, Paulo! Creio que ali, na realidade concreta, estudantes e professores aprendíamos como fazer filosofia, aprendíamos história, literatura e sociologia. E cada uma dessas ciências estava diretamente vinculada à realidade que se vivia no país e não presa a realidades transcendentes, estrangeiras.

PAULO: Na medida em que vou compreendendo o próprio movimento que a pesquisa implicava, vou percebendo, por exemplo, como era possível — ao tentar uma compreensão crítica, histórica, de um certo momento da vida chilena, no fim do século passado e começo deste século, ao compreender criticamente a posição dos operários na confrontação de ideologias — como era possível, então, fazer uma incursão ao próprio presente chileno da época e estudar com os estudantes a força das ideologias. Vivi no teu país, que considero meu também, antes do governo do Allende. Saí do Chile em 1969, mas voltei ao Chile durante o governo do Allende, no momento em que trabalhavas em Concepción. Agora, ao te escutar falando dessa pesquisa profundamente viva que vocês faziam, fico a imaginar a riqueza que este material pode ter trazido ao debate da situação atual do Chile na época. Como era possível ver o que houve antes enquanto iluminador também do que estava então ocorrendo. Acho tão importante o que fazias com teus companheiros como atividade docente e de pesquisa que te pediria que continuasses um pouco mais, porque, no fundo, é tudo isso que vais trazer mais tarde, no teu exílio, para a Europa, quer dizer, é todo esse passado muito vivo teu, com teus colegas, com a tua geração; é tudo isso, incluindo esses cadernos que não pudeste trazer, é toda essa memória que trouxeste no teu corpo consciente de jovem filósofo. Então, acho que é fundamental para quem vai nos ler amanhã que digas algo mais de tudo isso que trouxeste contigo para o teu exílio.

Antonio: Sem dúvida, é uma experiência que me marca e marca o futuro intelectual. Você compreende a dificuldade que significa chegar ao exílio quando não se quer o exílio.

Paulo: Claro que sim. Na verdade, ninguém se exila por opção!

Antonio: Perguntava-me como podia continuar meu trabalho, uma experiência da qual, se iniciada, não mais se pode sair, porque se descobre o verdadeiro trabalho intelectual. O trabalho em que a teoria, a prática e tudo o que se faz intelectualmente se faz com a finalidade de compreender a realidade e, se possível, transformá-la — esse é um trabalho que não se perde num jogo de ideias.

O que então me propus a mim mesmo na Europa? Fazer uma leitura política do positivismo no Chile, que é a minha tese em sociologia em Paris. Porque a realidade europeia já não era a minha realidade latino-americana, concretamente chilena, a minha realidade de Concepción, eu diria. Mas, sim, uma realidade diversa, da qual eu não participava politicamente. Minha produção intelectual não tinha um fundo histórico concreto em que minha atividade se revelasse uma atividade concreta, profundamente ancorada em uma realidade. A pesquisa que me propus realizar apenas aparentemente era tradicional, na verdade se tratava de ler, de um ponto de vista político, o positivismo no Chile. Delinear como essa ideologia determina comportamentos, justificações, ações, explicações, interpretações da realidade chilena por parte de certos intelectuais e de certos grupos sociais. Estudar como os grupos sociais utilizam as ideologias para se manter no poder ou para tomar o poder — uma utilização política da ideologia. Nesse sentido, não constituía uma pesquisa tradicional, era uma pesquisa nova, uma leitura nova, uma *leitura política* do positivismo no Chile, a qual abrigava uma leitura sociológica, uma leitura histórica etc. Nela, as ideias, portanto, eram vistas em sua ação e não na história abstrata das ideias.

Naturalmente, esse tipo de pesquisa me levava a trabalhar fundamentalmente com documentos no sentido tradicional do termo. Graças a ela, tive a oportunidade de encontrar, em Paris, muitos textos inéditos de chilenos que foram os ideólogos desse positivismo que marca a história cultural, intelectual e política do Chile e que exerce um papel importantíssimo no pensamento e na ação de Balmaceda, o primeiro presidente anti-imperialista latino-americano. Na sua luta contra o imperialismo britânico, com base no nacionalismo, Balmaceda quis transformar um país dependente em um país independente. Por isso é de inegável significado o positivismo, e sua leitura mais abrangente é a leitura política feita pelo grupo de intelectuais e pelos estratos da sociedade ligados a Balmaceda, uma leitura especial do positivismo para conduzir à ação transformadora da realidade.

Devo dizer, no entanto, que esta não era a única leitura do positivismo que então se fazia no Chile. Havia a dos chamados positivistas heterodoxos, que interpretavam de maneira diferente a ideologia positivista e se opunham à visão ortodoxa dos partidários de Balmaceda. Isto mostra a complexidade da luta ideológica da época, que procuro elucidar em minha tese. Mas, de qualquer modo, não se pode negar que esse trabalho estava mais distanciado da realidade do que aquele que eu realizava anteriormente. E aqui, Paulo, devo lembrar que nosso encontro me permitiu redescobrir a realidade. O fato de nos encontrarmos levou a que você me permitisse trabalhar novamente com o povo, com a gente que, agora, neste momento, escreve sua história.

PAULO: Acabas de dizer algo que me toca pessoalmente. Tu te referes ao nosso primeiro encontro, em que te convidei a que nos entregássemos tanto quanto possível a um diálogo assíduo de que resultou, finalmente, a possibilidade que se abriu a ti de um reencontro com o concreto, mesmo que não fosse o teu, experiência na verdade necessária a ti, no momento.

Enquanto relembravas este fato, eu estava recordando a afirmação que um velho amigo, o grande filósofo brasileiro Álvaro Vieira Pinto, me fez numa tarde de outono em Santiago. Acabrunhado e triste, me disse ele: "Paulo, o exilado vive uma realidade de empréstimo." Ninguém melhor do que eu, exilado também, para entender o que ele afirmava. A partir daquele momento, de vez em quando, repito a frase, nem sempre citando a conversa. Hoje, que a cito em livro "falando", faço questão de dar a sua origem.

É isso mesmo, "o exilado vive uma realidade emprestada". E é exatamente na medida em que ele aprende — como tu aprendeste, como eu aprendi e como muitos companheiros nossos, chilenos e brasileiros, bem como de outros países, aprenderam — a viver a tensão permanente, radicalmente existencial, histórica, entre o contexto de origem, deixado lá, e o contexto novo, de empréstimo, que o exilado ou exilada começa a ter, na saudade do seu contexto, não um afogamento anestesiador de seu presente, mas uma chama que ilumina o necessário implante na nova realidade.

Só na medida em que o exilado aprende a viver no novo contexto e a dele "sair", mas nele continuando na tensão da contradição dos dois contextos, o que o marcou e que ele trouxe no seu corpo consciente, dele molhado, é que lhe é possível ter, no contexto de origem, uma permanente pré-ocupação, jamais uma sombra inibidora do seu presente.

O teu corpo veio molhado, como o de qualquer exilado, do contexto de origem, molhado da história, da cultura do teu contexto. Molhado dos sonhos que nele tinhas, das tuas opções de luta, de teu compromisso com as classes trabalhadoras. Molhado de tuas expectativas, da idealização do próprio contexto.

Qualquer que seja o mundo a que chega o exilado, a sua tendência é a de viver, desde o primeiro momento da chegada, a sensação ambígua, de um lado, de liberdade, por haver escapado de algo que o ameaçava, de outro, a de haver sofrido um corte dramático em sua história.

Conviver com esta ambiguidade é um aprendizado difícil que o exilado tem de fazer. Ele tem de aprender a "transar" a tensão da ruptura que o exílio provoca. Seu papel não é o de aprofundar a ruptura. Se o exilado aprende a viver esta tensão — sem negar, de um lado, o seu contexto, como se fosse possível decretar que já não tem nada que ver com ele, como se, zangado porque obrigado a deixá-lo, tentasse puni-lo, dizendo: "já não me lembro de ti", e, de outro, sem repudiar o contexto de empréstimo —, aí então o seu tempo de espera, no exílio, espera na ação, se faz um tempo de esperanças.

Por isso é que falei da tensão da contradição entre o contexto original e o contexto secundário. Ou aprendemos a superar a negatividade que a ruptura implica para apreender e aprender as positividades do novo contexto, ou fenecemos no exílio. E conhecemos ambos não poucos casos de companheiros que não suportaram a tensão, que não resistiram à tensão. Um caminho, Antonio, que descobri e que outros exilados também descobriram, foi exatamente o de ter o meu contexto de origem como permanente preocupação, sem que esta posição, porém, fosse assumida como pura psicoterapia. Por outro lado, perseguir um certo nível de inserção afetiva, emocional e intelectual no contexto de empréstimo. E, se e quando possível, a partir dele, nos estender, com suficiente clareza política, a outros contextos que se abrissem a nós como áreas de ação. Por isso é que, quando ainda no Chile, recebi o convite da Universidade de Harvard e três ou quatro dias depois o convite do Conselho Mundial de Igrejas (Harvard me convidava para dois ou três anos, a partir de 1969, e o Conselho Mundial de Igrejas também, com diferença de meses apenas para começar), propus a Harvard ficar nela até começos de fevereiro de 1970 e ao Conselho Mundial de Igrejas começar o meu contrato em meados de fevereiro daquele ano. Considerava altamente importante para mim, intelectual brasileiro no exílio, uma passagem ainda que rápida pelo centro do poder capitalista. Precisava ver de perto, como disse a companheiros brasileiros e chilenos de quem então me despedia em Santiago, o "bicho" em sua toca. Mas, por outro lado, estava, já na época, absolutamente convencido de quão útil e fundamental seria a mim correr o mundo, expor-me a contextos diversos, aprender das experiências de outros, rever-me nas diferenças culturais. E isto o Conselho me oferecia indiscutivelmente mais que qualquer universidade.

Uma questão que me colocava era a da docência sistemática oferecida pela Universidade e não pelo Conselho. O fundamental dela, porém, poderia ser vivido na prática que o Conselho me oferecia, em que apenas deixaria de trabalhar com alunos regulares como se faz na academia. Mas não me faltaria no Conselho a prática político-pedagógica, a pesquisa, além da possibilidade de uma atuação extensiva por um sem-número de universidades. Neste sentido, no Conselho, continuei e, mais do que isto, estendi a minha atividade de educador.

Harvard e o Conselho Mundial de Igrejas aceitaram a minha proposta. Parti com Elza e os filhos para Cambridge, onde, além de Harvard, participei de um interessante programa com um bom grupo de intelectuais, Jim Lamb, João Coutinho, Denis Goullet, Denise, Loreta Slover, entre outros, no Center for Studies in Development and Social Change, hoje lamentavelmente fechado.

Já em Cambridge é que os últimos acertos de minha vinda a Genebra se fizeram. Finalmente, em fevereiro de 1970, comecei um momento que, na época, não podia perceber que viria a ser fundamental em minha vida pessoal, como também enquanto educador.

Eu sabia que o Conselho Mundial de Igrejas, devo repetir-me, não era uma universidade, mas sabia também que, trabalhando no seu Departamento de Educação, conservaria e ampliaria a minha tarefa de educador. Homens como tu e como eu (perdoe-me o leitor a imodéstia da qual não és responsável) não precisam de salas de aula, por mais que as amem e que delas não prescindam, para ser educadores.

A Universidade, no fundo, por boa que fosse, por famosa que fosse, por grande que fosse, significava a oportunidade de trabalhar, em semestres, com grupos de estudantes, vinte, trinta. O Conselho Mundial de Igrejas me oferecia uma cátedra mundial, me oferecia não o espaço de uma universidade, mas o espaço do mundo, me oferecia o contexto maior do mundo, as suas diferentes experiências, a visão de algumas de suas tragédias, de suas misérias, de suas desgraças, mas também de alguns de seus momentos de beleza — o da libertação de povos africanos, o da revolução nicaraguense, o da revolução de Grenada.

Foi palmilhando este contexto enorme que o Conselho Mundial me oferecia que me fui tornando um andarilho do óbvio. E foi andarilhando pelo mundo, foi andando pela África, foi andando pela Ásia, pela Austrália, Nova Zelândia, pelas ilhas do Pacífico Sul; foi andando a América Latina toda, o Caribe, a América do Norte, a Europa, foi caminhando por esses pedaços de mundo, como exilado, que pude compreender melhor o meu próprio país. Foi vendo-o de longe, foi tomando distância dele que eu entendi melhor a mim mesmo. Foi me confrontando com o diferente de mim que descobri mais facilmente a minha própria identidade. E superei, então, o risco que o exilado às vezes tem de, atuando como intelectual, ficar demasiado distanciado das experiências mais reais, mais concretas, e ficar um pouco perdido e um pouco até contente porque está perdido no jogo da verbosidade, nisso que costumo chamar, com certo humor, de especialidade no "balé dos conceitos".

Assim, quando me dizes agora que o convite que te fiz anos atrás, nesta casa, no quarto andar, onde tinha o meu escritório, te permitiu trabalhar com povos que vêm lutando para assumir a sua história e que isto te ajudou como exilado, eu me sinto contente. É preciso, porém, deixar claro que aquele convite não foi um convite gratuito nem um convite assistencial. Não! No meu primeiro encontro contigo, percebera a seriedade da tua busca, tua forma honesta de procurar, tua curiosidade. De outro lado, percebi também que a tua criatividade e a tua capacidade crítica poderiam me ajudar nas pesquisas que eu estava fazendo. Mas estava igualmente certíssimo, quando te consultei se aceitavas discutir comigo concretamente as experiências de que eu participava, de que, com aquele convite que naquele momento te abria outros caminhos, te estava ajudando a enfrentar a tensão existencial que vivias como exilado, na contradição entre o teu contexto original e o contexto novo, de empréstimo.

Posso te dizer finalmente que foi exatamente esta possibilidade de apanhar o real, o concreto, que me salvou como exilado e como gente. Ao fazer este discurso, devo ter sido um pouco emotivo. Não me arrependo.

ANTONIO: Alegro-me emocionalmente com essa análise, alegro-me muito com termos esta conversa: o interessante do diálogo é que ele está carregado não só de intelectualidade, mas também de emoção, da própria vida.

Estou inteiramente de acordo com você, Paulo, principalmente num ponto levantado — o da superação do destino do exilado. Para o exilado, a tensão se faz entre o contexto de origem, que o forma e o transforma, que o conforma por toda sua vida, e este *contexto novo*, que é preciso reviver, e ao qual tem ou não de adaptar-se e do qual tem ou não de apropriar-se. Creio que a superação dessa negatividade está em que é necessário que se estabeleça um diálogo entre ambos esses contextos.

Penso que, para que nosso contexto se enriqueça ainda mais, em nossa mente, em nosso corpo, em nossas emoções, necessita de um contexto outro. No fundo, e você sabe disso, como todos o sabemos, para nos descobrir precisamos nos mirar no Outro, compreender o Outro para nos compreender, entrar no Outro.

Segundo Fichte, "o Eu cria o não Eu para se conhecer a si mesmo". Nós não criamos o não Eu, não estamos no idealismo, nosso não Eu é objetivo, não é criação nossa. O não Eu é esse contexto de empréstimo, como você diz, mas que é necessário para enriquecer nossa vivência e nosso contexto de origem. "Foi o mundo que me ajudou a entender e a compreender melhor meu país." Esta sua ideia eu a desenvolvo na pequena resenha que faço, em inglês, à edição de seu trabalho *Der Lehrer ist Politiker und Künstler*.

Insisto num aspecto importante de sua experiência intelectual: é justamente seu trabalho na África e na Ásia que, não só o faz descobrir esses continentes, como também descobrir ou redescobrir sua própria realidade brasileira. E é esse o aspecto positivo.

Também eu alcancei uma melhor compreensão da América Latina e, em particular, do Chile, através da compreensão dos outros países, de outras experiências. E diria ainda mais: compreendi melhor o vilarejo de onde venho e onde nasci. Porque no fundo penso que a minha grande universidade foram dois pequenos vilarejos, Lebu e Pehuen, onde fiz minha experiência de menino e de adolescente. Lebu, zona mineira, a mais pobre do Chile, Lebu, onde ensinei meu pai a ler e a escrever, meu pai, homem de trabalho vário, ora camponês, ora operário... Pehuen, uma aldeola de índios aonde eu ia trabalhar nas minhas férias escolares. Lá passava três meses entre eles, na condição de camponês, vivendo sua vida árdua e trabalhando no campo das cinco da manhã à meia-noite, para ganhar um saco de trigo, um saco de aveia, um saco de comida.

Lebu e Pehuen são as duas grandes universidades que haveriam de marcar minha vida intelectual.

Não é de surpreender que os dois nomes sejam de origem araucana. Lebu (*leufu*), que significa *rio*, e Pehuen, que é o nome de uma árvore (*Araucaria araucana*) cujo fruto é um dos alimentos básicos desse povo autóctone. Em Lebu, entre outras coisas, aprendi a solidariedade do povo na luta pela sobrevivência e por uma vida melhor; em Pehuen aprendi a importância da cultura escrita como meio para explorar ou como meio de luta contra a exploração, dependendo de quem o empregue. Sobre este último ponto, recordo-me que, ao trabalhar no seio de uma família araucana durante minhas férias de estudante, como um entre eles, descobri e descobrimos a importância de saber ler e fazer contas.

Era uma família de meeiros, isto é, recebiam do dono da terra sementes, alguns instrumentos de trabalho e um determinado pedaço de terra para produzir. O fruto deste trabalho era repartido da seguinte maneira: antes de qualquer coisa, o patrão retirava a semente emprestada, depois a maquia pelo uso da colhedeira (10 a 20%); finalmente, o que sobrava era dividido em duas partes: uma para o patrão, outra para a família.

No processo de divisão, que era feito na época de debulha, os sacos eram pesados pelo capataz, o único que sabia ler e escrever. Um dia eu me dei conta de que, ao pesar os sacos, ele apresentava números falsos, inferiores aos marcados pela balança. Ao verificar esse fato, dirigi-me ao chefe da família e o informei da minha descoberta. Ele tinha medo de acusar o representante do patrão pelo roubo, mas pediu-me que me encarregasse de anotar os números, para que fizéssemos nossas próprias contas. Eu disse ao capataz que estava encarregado de anotar o peso dos sacos para que também pudéssemos calcular e saber quanto nos cabia. O capataz não teve outro remédio senão aceitar essa "inocente" petição. Assim, tomamos consciência da importância que significava para o povo o uso da cultura escrita na luta contra a injustiça.

E, quando você me permitiu voltar a essa realidade, foi de alguma forma como se eu voltasse a minha infância, a minhas duas universidades da infância e da adolescência, para lutar ao lado do povo contra as injustiças que eu já conhecia naquela época e que persistem e se desenvolvem até hoje.

Paulo, eu queria fazer-lhe uma pergunta com relação ao exílio. Tem-se a impressão de que o exílio é simplesmente uma ruptura emocional no plano das ideias; mas o exílio também significa — e você com certeza concorda comigo — uma cotidianeidade. De modo que eu pediria que nos contasse um pouco, aos exilados e não exilados, como é que você viveu essa cotidianeidade nesse contexto diverso do contexto de origem.

PAULO: Creio que esta é uma pergunta fundamental que nós exilados devemos fazer-nos diariamente. Quer dizer, a pergunta diária de como estamos compreendendo e de como é possível, por exemplo, operar melhor ou de forma menos traumática essa cotidianeidade emprestada que temos como exilados.

O meu ponto de partida, o começo da minha experiência com a cotidianeidade diferente, se deu exatamente no teu Chile, hoje meu também. Claro que de maneira muito menos dramática do que na Europa. Afinal, o Chile, apesar de ser um país um pouco europeizado, é América Latina em seu ser.

Uma das primeiras lições que o exílio me ensinou, ao dar os meus primeiros passos no contexto que me acolhia, no sentido de viver e não apenas sobreviver na cotidianeidade diferente, foi a de que as culturas não são melhores nem piores, as expressões culturais não são melhores nem piores, são diferentes entre elas. Como nós, por outro lado, a cultura não é, está sendo, e não podemos esquecer o seu caráter de classe. Esta primeira lição, a de que das culturas não se pode simplesmente dizer que são melhores ou piores, aprendi no Chile, quando comecei a experimentar, concretamente, as formas diferentes, até de chamar o outro. Não sei se já reparaste, por exemplo, como é difícil num restaurante, em culturas estranhas, nos dirigirmos ao moço que serve! Há uma forma especial em cada cultura, que não pode ser rompida, há um certo código, não? Eu me lembro de uma vez no Chile, no Ministério de Relações Exteriores (não sei se é assim que se chama, ou se de Assuntos Estrangeiros). Tinha um problema a resolver com relação a um documento necessário à minha permanência no país. Fiquei no balcão do escritório e ninguém me atendia. Ninguém olhava na direção em que eu estava. De repente, uma pessoa levantou a cabeça e me viu. Fiz-lhe um gesto com a mão, acenando para dizer que eu estava ali, que era uma parte. O moço se aproximou de mim e, com voz de quem estava sobretudo ofendido, me disse que aquela não era uma maneira cortês de chamar alguém. Surpreso, eu era, naquele momento, só indecisão. De qualquer maneira falei: "Não tive nenhuma intenção de ofender o senhor, eu sou brasileiro..." "Mas o senhor é um brasileiro que está no Chile, e no Chile não se faz isso", disse ele categórico. "Bem, então, lhe peço desculpa de novo, lhe peço desculpa pelo que lhe pareceu ofensivo em meu gesto, não pela intenção de ofendê-lo, que não houve. Quer dizer, subjetivamente, não quis ofender o senhor, mas objetivamente, ofendi." Que mistérios, os da cultura! Ele me atendeu, não sei se me entendeu, e eu saí meditando pela rua. Como os mais mínimos pormenores da cotidianeidade precisam ser compreendidos!

Se não tentamos, Antonio, uma compreensão crítica do diferente, corremos o risco de, na necessária comparação que fazemos entre as expressões culturais, as de nosso contexto e as do de empréstimo, aplicar rígidos juízos de valor sempre negativos à cultura que nos é estranha.

Para mim, esta é sempre uma posição falsa e perigosa. Respeitar a cultura diferente, respeitando a nossa também, não significa, porém, negar a nossa preferência por este ou aquele traço de nosso contexto de origem ou por este ou aquele traço do contexto de empréstimo. Uma tal atitude revela, inclusive, um certo grau de amadurecimento indispensável que alcançamos e às vezes não, ao nos expor criticamente às diferenças culturais.

De uma coisa temos sempre de estar advertidos, no aprendizado destas lições das diferenças — a cultura não pode, com ligeireza, estar sendo ajuizada desta forma: isso é pior, isso é melhor. Não quero, contudo, afirmar que não haja negatividades nas culturas, negatividades que precisam ser superadas.

Um exercício anterior a que me havia entregue há alguns anos no Brasil, o de me expor, como educador, às diferenças culturais do ponto de vista das classes sociais, sem que imaginasse, me preparava, em certo sentido, para a necessidade que tive no exílio de entender as diferenças culturais. Diferenças de classe e também de região. Questões de gosto, não apenas das cores das roupas, do arranjo da casa simples, do uso, para mim abusivo, de retratinhos nas paredes, mas também do gosto das comidas, dos temperos. A preferência, nos bailes, pelo volume exagerado no som das músicas. Diferenças marcantes na linguagem, no nível da sintaxe e da semântica. Minha longa convivência com estas diferenças me ensinou que manter preconceitos de classe diante delas seria contradizer funestamente a minha opção política. Me ensinou também que a própria superação das suas negatividades, exigindo uma transformação nas bases materiais da sociedade, coloca o papel de sujeito que as classes trabalhadoras devem assumir no esforço da reinvenção de suas expressões culturais.

Mas isto já é outra conversa...

No fundo, tudo isso me ensinou e tem me ensinado muito. Me ensinou a viver, a encarnar uma posição ou uma virtude que considero fundamental não só do ponto de vista político, mas também existencial: *a tolerância*.

A tolerância não significa de maneira nenhuma a abdicação do que te parece justo, do que te parece bom e do que te parece certo. Não, não, o tolerante não abdica do seu sonho pelo qual luta intransigentemente, mas respeita o que tem sonho diferente do dele.

Para mim, no âmbito político, a tolerância é a sabedoria ou a virtude de conviver com o diferente para poder brigar com o antagônico. Neste sentido, ela é uma virtude revolucionária e não liberal-conservadora.

Olha, Antonio, o exílio, a minha experiência na cotidianeidade diferente, me ensinou a tolerância de maneira extraordinária. Este aprendizado de viver no cotidiano diferente, como já disse, começou no Chile, se estendeu aos Estados Unidos, no meu ano em Cambridge, e me acompanhou nos dez anos de vida em Genebra. E é impressionante como consegui, o que não foi fácil, vir propriamente me integrando ao diferente, à cotidianeidade distinta, a certos valores que marcam, por exemplo, o dia a dia de uma cidade como Genebra, fazendo parte de uma cultura, como a Suíça, multicultural.

É formidável como fui aprendendo as regras do jogo, conscientemente, sem renunciar àquilo que me parecia fundamental, sem recusar o mais básico de mim mesmo e, por isso, sem me adaptar ao cotidiano de empréstimo. Assim, aprendi a lidar com o diferente que às vezes incomodava. Um destes diferentes com que convivi, mas jamais incorporei à minha forma de estar sendo, era uma certa associação nem sempre explícita nem tampouco generalizada entre corpo e pecado. Na Europa, nos Estados Unidos, em muitas ocasiões esta associação era transparente no comportamento das gentes. É claro que as gerações mais jovens vêm superando concretamente esta quase anulação do corpo. A mim sempre me pareceu uma violência esta "distância" fria do corpo que, pelo contrário, para mim é algo extraordinário. O corpo humano, velho ou moço, gordo ou magro, não importa de que cor, o corpo consciente, que olha as estrelas, é o corpo que escreve, é o corpo que fala, é o corpo que luta, é o corpo que ama, que odeia, é o corpo que sofre, é o corpo que morre, é o corpo que vive! Não foi rara a vez em que pondo minha mão afetivamente no ombro de alguém, tive-a, de repente, no ar, enquanto curvando-se, o corpo tocado recusava o contato do meu.

Para mim, que em minhas conversas costumo sublinhar parte de minhas afirmações batendo de leve no corpo do outro, foi difícil refrear-me...

Outro destes "diferentes" é o que tem a ver com a questão dos sentimentos que, se diz, devem ter a sua expressão controlada, em nome do respeito ao outro. O sentimento da alegria, da tristeza, do carinho, do afeto, a amorosidade, tudo isso tem que ser rigorosamente disciplinado.

Me lembro agora, ainda, da cara misturadamente alegre e surpresa de uma companheira de trabalho, europeia, secretária de um dos setores do Conselho, quando, ao encontrá-la numa manhã de primavera na entrada da casa, elogiei vivamente a alegria das cores de seu vestido, a leveza de seu corte, tudo, dizia eu, tão coincidente com seu ar jovem e inquieto. Desconcertou-se um pouco para, em seguida, refeita, dizer-me, simplesmente: "Você existe."

Para mim, o propalado respeito ao outro quase tem que ver, também, com um certo medo que se tem de assumir compromissos. Quer dizer, na medida em que me fecho, me tranco, em que não expresso a alegria de te ver, por exemplo, de conversar, de discutir, posso estabelecer uma fronteira no espaço afetivo entre mim e ti que te ensina a não entrares no campo meu para pedir algo, para demandar de mim um compromisso maior. Isso foi outra coisa com que tive de lidar. E foi também difícil porque, como brasileiro do Nordeste, efusivo, às vezes não caibo mesmo dentro de mim. Sem anular-me, porém, tive de controlar-me para não ferir demasiado os outros. Permeando tudo isso se acha a tensão de que tanto já falamos, a ruptura, o problema de sabermos até onde podemos ir, que coloca a questão dos limites à expressividade de nossos sentimentos. Não podemos estar nem demasiado aquém nem demasiado além dos limites. Se cedemos em excesso, comprometemos a radicalidade da forma de estarmos sendo. Se vamos muito mais além do razoável, provocamos a reação natural do contexto que passa a ser em certa forma "invadido" por nós. E a cotidianeidade "invadida" nos pune. É um aprendizado constante.

Outro ponto nevrálgico, na cotidianeidade genebrina, que não lhe é, porém, exclusivo e que a mim me problematizou muito, é a questão do silêncio, em relação com o que o contexto considera algazarra, barulho. Nunca me esqueço da ocasião em que, às dez e dez da noite, um vizinho nosso tocou a campainha insistentemente. Abri a porta. Arriscou um boa-noite cortês e, revelando a sua insatisfação, me disse que não podia dormir com o violão de meu filho.

Joaquim, que é hoje professor de violão clássico no Conservatório de Friburgo, na época adolescente, estava preparando (muito rigoroso, estudava seis horas por dia) uma suíte de Bach, e o vizinho não podia dormir! E às dez e dez desceu para protestar.

Me lembro de que, com um certo humor, lhe disse: "É interessante, como somos diferentes! Eu durmo com Bach." Com a mesma cortesia com que chegou, partiu. Falei com Joaquim. Joaquim silenciou seu violão. O vizinho terá dormido em paz.

Há, inclusive, muitas anedotas, algumas verdadeiras, outras devem ser produto mais da imaginação dos latino-americanos, em torno do silêncio e em torno da algazarra.

Com relação a esta marca da cotidianeidade suíça, mesmo que não exclusiva dela, jamais conheci um latino-americano que não tivesse algo a dizer, a reclamar. Com relação a ela, uma vez mais voltamos ao problema dos limites. Nem muito aquém, nem muito além dos limites, devemos estar em face dela.

Creio, por outro lado, que o pior das exigências da cotidianeidade tão demandante do silêncio é o sentimento às vezes pouco velado que o contexto alimenta, intolerantemente, contra os que carregam no seu corpo o ritmo, o som, a voz que se ouve, considerando-os representantes de culturas inferiores, pouco civilizadas. A intolerância é sempre preconceituosa.

Como vês, Antonio, conviver com a cotidianeidade do outro constitui uma experiência de aprendizado permanente. Sempre dizia isso em casa, a nossas filhas e a nossos filhos. Porque, vê bem, uma das características fundamentais do comportamento no cotidiano é exatamente a de não nos perguntarmos em torno dele. Uma das características fundamentais da experiência na cotidianeidade é exatamente a de que nela nos movemos, de modo geral, dando-nos conta dos fatos, mas sem que necessariamente alcancemos deles um conhecimento cabal. Agora, ao falar disto, me lembro deste livro extraordinário de Karel Kosik, *A dialética do concreto*,[2] em que desvela criticamente o sentido da cotidianeidade.

No momento, porém, em que deixamos o nosso contexto de origem e passamos para o outro, a nossa experiência na cotidianeidade se faz mais dramática. Tudo nela nos provoca ou pode provocar. Os desafios se multiplicam. A tensão se instala.

Acho que um dos sérios problemas que o exilado ou a exilada enfrenta está em que, se no seu contexto original vivia imerso na sua cotidianeidade, que lhe era familiar, no contexto de empréstimo precisa, permanentemente, emergir da cotidianeidade, perguntando-se constantemente sobre ela. É como se estivesse sempre em vigília. E, se não se prepara para responder bem às suas próprias perguntas, se cai

---

[2] Karel Kosik, *A dialética do concreto*, 2ª ed. Rio de Janeiro: Paz e Terra, 1985.

no saudosismo do seu contexto de origem, sua tendência é passar a negar tudo o que a cotidianeidade de empréstimo lhe oferece também e com que teria de superar a tensão que a ruptura do exílio cria.

ANTONIO: Essa sua análise sobre a cotidianeidade é fundamental para uma compreensão do exílio, porque o exílio não é simplesmente um problema de ruptura epistemológica, emocional, sentimental ou intelectual ou mesmo política; é também uma ruptura da vida diária, de gestos, palavras, de relações humanas, amorosas, de relações de amizade, de relações com os objetos. Sem dúvida, o exílio não pode ser explicado sem essa forma, digamos pessoal, de relacionar-se com outra realidade, com outro contexto, novo. Aí começa, eu diria, uma alfabetização de nosso ser.

E começa com isso a que você se referia — descobrir os outros, descobrir outra realidade, outros objetos, outros gestos, outras mãos, outros corpos; e, como estamos marcados por outras linguagens e nos acostumamos a outros gestos, a outras relações, esta é uma longa aprendizagem, este novo descobrir, este novo relacionar-se com o mundo. E, portanto, a diferença está por onde esta aprendizagem se inicia. Descobre-se o outro e você ligava a esse descobrimento a necessária tolerância do outro. Isso significa que, através da diferença, temos de aprender a tolerar o outro, a não julgá-lo por nossos próprios valores, mas a julgá-lo com os valores desse outro, que tem valores diversos dos nossos. E o que me parece fundamental é que, ligado ao conceito de diferença e tolerância, está o conceito de cultura.

Você dizia que descobrir outra cultura é aceitar outra cultura, é tolerá-la. Então, penso que o conceito de cultura que você emprega, e do qual eu compartilho plenamente, não é o conceito elitista.

A cultura não é apenas a manifestação artística ou intelectual que se expressa através do pensamento; a cultura se manifesta acima de tudo nos gestos mais simples da vida cotidiana. Cultura é comer de maneira diferente, é dar a mão de maneira diferente, é relacionar-se com o outro de maneira diferente. De forma que a mim me parece que o emprego desses três conceitos, cultura, diferenças e tolerância, são utilizações novas de velhos conceitos. Cultura para nós, insisto, são todas as manifestações humanas, inclusive a cotidianeidade, e fundamentalmente na cotidianeidade está a descoberta do diferente, que é essencial. Esta é uma concepção do essencial que é distinta da tradicional, que considera o essencial como o comum, os traços comuns. No entanto, para nós, e acredito que você concorda comigo, o essencial é o diferente, o que nos torna diferentes.

Descobrindo e aceitando que isso é o essencial, que o elemento tolerância é exigido nessa nova relação, é preciso estabelecer um diálogo entre nossas diferenças e nos enriquecermos nesse diálogo. Assim, você tem razão quando diz que não podemos julgar a cultura do outro através de nossos valores, mas sim aceitar que existem outros valores, aceitar que existem as diferenças e aceitar que, no fundo, essas diferenças nos ajudam a compreender a nós mesmos e a nossa própria cotidianeidade.

PAULO: De fato, é um aprendizado difícil, um aprendizado diário. Baseado na minha experiência longa (porque, afinal, vivi quase dezesseis anos de exílio, aprendendo diariamente isso), creio que posso dizer que não é realmente fácil. Às vezes a gente quase desanima, no processo de aprender, sem esquecer o passado. Aprender como lidar com o diferente, que não raro fere as marcas que trazemos conosco, na alma, no corpo. Às vezes eu me cansava também. Mas lutei constantemente, no sentido de viver a experiência do equilíbrio entre o que me marcou profundamente na minha cultura e aquilo que começou a me marcar, positiva ou negativamente, no contexto novo, no contexto diferente.

Percebi, Antonio, outra coisa óbvia. Muita gente já deve ter dito o que vou dizer agora. Percebi quão fortes são as nossas marcas culturais. Mas quão mais fortes elas se tornam na medida em que não as idealizamos. Na verdade, no momento em que começas a dizer: não, tudo o que é bom, só é chileno, as marcas da tua cultura enfraquecem. Mas, na medida em que, em lugar da idealização das tuas marcas, tu as tratas bem, cuidas delas seriamente, sem absolutizá-las, então percebes que, sem elas, te seria difícil, inclusive, receber outras marcas que, ao lado de tua história pessoal, fossem significativas.

Neste sentido, me lembro de uma carta que escrevi a um grande amigo brasileiro, na qual falando de minha andarilhagem pelo mundo, lhe dizia: "Se não fossem as marcas da nossa cultura, presentes, vivas em mim, marcas que eu cuido com carinho, a minha andarilhagem, que hoje, por causa delas, tem uma significação profunda para mim, se tornaria um puro vagar pelo mundo, sem quase razão de ser." É interessante observar como esta contradição é extraordinária. Se renuncias a tuas marcas, não chegas a ser marcado autenticamente pela nova cultura, vives então uma falsificação na nova cultura; se tratas bem as tuas marcas, mas não as absolutizas, então te deixas marcar pela nova cultura. Quer dizer, a nova cultura não te invade, mas não é reprimida. No fundo, ela te dá alguma coisa também. Este aprendizado que, repito, não é fácil, tem que ser vivido, porque o exílio o exige. Por causa de tudo isso, é que Elza e eu sempre nos esforçamos para que a nossa saudade do Brasil jamais se constituísse numa espécie de doença sentimentalista. Sentíamos fortemente a falta do país, a falta do povo, a falta da cultura; é isso que tu dizias: o jeito especial de dar bom-dia, de andar na rua, de dobrar uma esquina, de olhar pra trás. Isso tudo é cultura. E disso tudo sentíamos falta, mas jamais permitimos que a falta que sentíamos disso tudo se transformasse numa nostalgia que nos empalidecesse, que nos fizesse tristonhos, sem descobrir razão de ser na vida.

Mas, no momento em que o exilado se insere num tipo qualquer de prática e descobre nessa prática uma razão de ser, então ele se prepara cada vez melhor para encarar a tensão fundamental entre o seu contexto de origem e o seu novo contexto de empréstimo. De tal maneira que, em certo momento, o contexto de empréstimo, ainda que continue sendo um contexto de empréstimo, vira, porém, um mediador da sua própria saudade. Quer dizer, ele o viabiliza como gente. Ora, foi isso o que ocorreu comigo, quando, aceitando trabalhar no Conselho Mundial de Igrejas, tive, através do Conselho, a possibilidade de estender o espaço de minha ação trabalhando na Europa, na África, na América Latina, nos Estados Unidos, fazendo algo que me parecia válido e que me justificava mesmo na distância obrigada em que me achava de meu contexto.

A contribuição mínima que pude dar, reconheço que foi mínima, mas, de qualquer maneira, importante, a diferentes países, conferiu, no fundo, significação ao exílio. Para mim, Antonio, um dos pontos-chave na experiência do exílio é saber até onde, como dizias no começo de nossa conversa, é possível ou não transformar em positividade a negatividade que a ruptura implica, na cotidianeidade do novo contexto. Até que ponto lutamos por criar ou encontrar caminhos em que, contribuindo de certa forma com algo, escapamos à monotonia de dias sem amanhã. Esta é uma das lições que o exílio pode ensinar, desde, porém, que o exilado se torne sujeito do aprendizado. Na verdade, o exílio não é uma entidade acima da História, todo-poderosa, comandando o exilado a seu gosto. O exílio é o exilado no exílio. O exílio é o exilado assumindo, de forma crítica, a condição de exilado. Se ele se assume assim, se faz sujeito do aprendizado que a circunstância nova lhe impõe. E, se se torna bom aprendiz, acho que se prepara muito bem para voltar a sua terra. Não tenho dúvida nenhuma de que, quanto mais o exilado se torna capaz de aprender as lições do exílio, eficientemente, tanto mais eficientemente no momento oportuno ele volta pra sua terra, volta pro seu contexto, sobretudo convencido de que, ao voltar, não pode chegar falando já, não pode chegar pretendendo ensinar aos que ficaram. Tem que chegar com a humildade que teve que ter no exílio também, para aprender a sua cotidianeidade. No fundo, o tempo em que esteve fora exige dele, ao voltar, uma nova inserção na sua cotidianeidade, que, em muitos aspectos, mudou durante sua ausência. A história e a cultura do seu contexto original não pararam à espera dele. Então, o exilado que volta, tenho dito várias vezes, deve ter, em face de seu contexto, quase a mesma humildade que deveria ter tido nos começos do seu exílio, quando teve que aprender a viver e a conviver com a nova cotidianeidade. Obviamente, reaprender o contexto de origem é bem mais fácil que aprender o de empréstimo, mas a exigência da aprendizagem se impõe, de qualquer maneira. Acho às vezes, pensando nestas questões, que há uma relação bastante dinâmica entre o pré-exílio e a volta do exílio. Na medida em que, no tempo anterior ao exílio, o exilado teve uma prática política com certa claridade com relação a seu sonho e se, no exílio, com clareza também, busca viver a tensão já tão falada por nós, aprendendo a tolerância, a humildade, aprendendo o sentido da espera, não a que se faz na pura espera mas a que se faz na ação, então o exilado se prepara para uma volta sem arrogância. Volta sem cobrar nada a seu contexto pelo fato de ter sido exilado. Volta sem a pretensão de ser o mestre dos que ficaram.

Disseste, há algum tempo, em nosso diálogo, algo que tem a ver com as reflexões que venho fazendo. Disseste que a possibilidade de te inserires numa experiência concreta, de contribuição a outros povos, te fez ganhar uma dimensão distinta do exílio. Neste momento, estou certo, tu estás indiscutivelmente preparando-te para uma melhor volta a teu país.

ANTONIO: Exatamente, Paulo. Eu gostaria de prosseguir esse diálogo sobre a cotidianeidade, que me parece fundamental. E voltar ao que você dizia sobre a reflexão da cotidianeidade, como o exílio nos exige refletir sobre a cotidianeidade. Eu diria que minha experiência pessoal quanto à reflexão sobre a cotidianeidade começa antes do exílio, numa espécie de pré-exílio, como você dizia. Porque, no fundo, essa mudança com relação ao ensino da filosofia que fazíamos ou tentávamos fazer junto a gerações novas, num contexto político determinado, exigia que pensássemos a realidade de alguma forma, que pensássemos como as ideias se concretizam nas ações diárias, políticas, pessoais etc. E para isso a leitura de Gramsci nos foi fundamental. Eu acrescentaria Lukács, embora em nível diferente, e Kosik, que são intelectuais que procuram entrar na história social que vivem e procuram compreendê-la como uma totalidade da qual o cotidiano é parte vital. São esses os pensadores que de alguma forma nos vincularam à realidade que vivíamos na época das transformações que se davam no Chile, são esses que nos fizeram refletir sobre a cotidianeidade. É certo que o exílio nos fez dar um salto qualitativo, porque nele a cotidianeidade era uma ruptura e a descoberta do outro.

Eu diria que essa análise da cotidianeidade pode nos levar muito além em nossos pensamentos, porque, em última instância, acredito que o problema da cotidianeidade estabelece este outro problema: como ligar nossas ideias e valores a nossas próprias ações? Tudo o que afirmamos e defendemos, tanto no âmbito político como no filosófico e no religioso, deve ser expresso em ações pertinentes. Quando não se reflete sobre a cotidianeidade, não se toma consciência de que há uma separação entre essas ideias e valores e nossos atos na vida cotidiana. Enquanto afirmamos certos valores no âmbito intelectual, afastados do cotidiano de nosso relacionamento com nossa mulher, com nossos filhos, com nossos amigos, com as pessoas que encontramos na rua, que não conhecemos mas com as quais nos relacionamos, esses valores são vazios. Sem dúvida, são muito bonitas todas estas ideias de valores pessoais, coletivos, morais, que devem reger nossa relação com os objetos e as pessoas; mas, na medida em que não refletimos e tentamos fazer com que elas coincidam, continua existindo um abismo entre o que pensamos e valorizamos e essas ações que realizamos com respeito aos objetos e às pessoas. E isto pode ser aplicado tanto ao campo religioso, no qual há uma separação entre o que se afirma e o que se vive cotidianamente, como ao plano político, no qual há uma separação entre o que se afirma e a luta cotidiana. Porque uma das coisas que aprendemos no Chile, nessa pré-reflexão sobre a cotidianeidade, era que as afirmações abstratas políticas ou religiosas ou morais, que eram excelentes, não se transformavam, não se concretizavam nas ações individuais. Éramos revolucionários em abstrato, não na vida cotidiana. Creio que a revolução começa justamente na revolução da vida cotidiana.

Viver o que se defende cotidianamente, individualmente, parece-me fundamental. Outro conceito que considero importante é o das rupturas. Acredito que aprendemos, através das rupturas, que a grande lição da vida está em que a vida é uma corrente de rupturas, uma ruptura que precisa ser destruída, para ser superada, e essa nova ruptura tem de ser superada por uma outra ruptura.

Penso que as grandes e as pequenas rupturas são as que realmente nos ensinam ao longo da vida e nos ensinam a respeitar, a ser diferentes e, fundamentalmente, a ser modestos, humildes.

O processo de consciência é um processo lento, mas que em última instância adquire sua firmeza no processo da própria realidade. Em minhas viagens à África e à América Latina, quando sabem que trabalho, participo de experiências educacionais e populares num e noutro continente, tanto latino-americanos como africanos sempre me fazem esta pergunta: "Eles estão melhor ou pior que nós?" Eu respondo que não se pode dizer que estão melhor ou pior. O que posso dizer é que se trata de experiências completamente diversas, nas quais não se pode avaliar o que é melhor ou pior, porque são inavaliáveis, não podem ser valoradas nem comparadas. São experiências distintas e, como tais, é preciso vivê-las distintamente. E, como são distintas, umas podem ensinar às outras. E umas podem aprender com as outras. E nós só aprendemos se aceitamos que o diferente está no outro; do contrário, não há diálogo, por exemplo. O diálogo só existe quando aceitamos que o outro é diferente e pode nos dizer algo que não conhecemos.

PAULO: Claro, há um outro aspecto que eu gostaria de salientar, com relação à cotidianeidade, sobre o qual possivelmente poderás dizer algo também. Me parece, Antonio, que uma procura crítica da compreensão do cotidiano abre uma instância de análise fundamental para a compreensão de como se embatem, de como lutam a ideologia dominante — tentando assenhorear-se da totalidade dominada — e a ideologia dominada — resistindo ao domínio total.

Creio que uma aproximação ao estudo e à compreensão crítica de como se dão as coisas no mundo da cotidianeidade pode ser muito útil ao analista político no seu entendimento de como a ideologia dominante não chega a reduzir toda a expressão cultural, não chega a reduzir a criatividade popular a ela mesma, ideologia dominante. Às vezes, podemos ser levados, numa compreensão acrítica do que seja esta luta, a pensar que tudo o que se acha na cotidianeidade popular é pura reprodução da ideologia dominante. E não é. Haverá sempre algo, nas expressões culturais populares, da ideologia dominante, mas há também, contradizendo-a, as marcas da resistência, na linguagem, na música, no gosto da comida, na religiosidade popular, na compreensão do mundo. Recentemente, aliás, foi publicado no Brasil um estudo realmente interessante, cujo título significativo é *A festa do povo, pedagogia de resistência*.[3] Que achas disso?

ANTONIO: Acredito que essa análise seja essencial. Repito que não é um problema apenas para o cientista político ou cientista social, mas para todas as categorias das ciências sociais. Eu diria que se trata de uma questão que interessa também à psicologia, à biologia etc. Em última instância, quando se fala, e erradamente, em ideologia, pensa-se apenas nas ideias e não se pensa que essas ideias adquirem forças e constituem realmente uma forma de poder na medida em que elas se cristalizam em nossas ações cotidianas. É a partir daí que se deve começar a análise, a ideologia na ação e não na ideia. E na ação não apenas dos grupos de intelectuais (embora também seja necessário analisá-la), mas fundamentalmente na ação das camadas populares, onde está a força política de uma ação. O poder de domínio de uma ideologia reside basicamente no fato de que ela se encarna na ação cotidiana.

PAULO: A ideologia é algo muito concreto.

ANTONIO: É concreto, não é uma ideia em ação. Acredito, então, que seja fundamental começar por essa análise

---

[3] J.C.N. Ribeiro Júnior, *A festa do povo, pedagogia de resistência*. Rio de Janeiro: Vozes, 1982.

e, à medida que nos aprofundamos nela, descobrimos como, fazendo frente a essas ideologias dominantes, há ações de resistência por parte das massas. Creio que qualquer luta política, ideológica, deve partir justamente da compreensão dessas resistências. Ou seja, não se deve combater a ideologia somente através das ideias, mas sim a partir dos elementos concretos de resistência popular. Portanto, toda luta contra a ideologia ou as ideologias dominantes deve basear-se na resistência levantada pelas classes populares e, a partir daí, elaborar ideologias que se oponham à ideologia ou às ideologias dominantes. E não o contrário, criando ideologias em oposição às ideologias dominantes, sem considerar que se deve partir de uma base concreta que são as resistências que se fazem através das massas; e isto é fundamental em qualquer luta política, em qualquer luta ideológica. É aí onde vai se vencer a luta ideológica — partindo disso e não de ideias. Porque lutar ideologicamente contra as ideologias é cair numa ideologia da ideologia. É dar importância, como quer a ideologia dominante, a que a luta se imponha no plano das ideias, porque, enquanto essa luta se trava no plano das ideias, ela se concretiza e se encarna nas ações das massas a fim de permitir a continuação do poder político e ideológico dos grupos dominantes. Enquanto começamos a luta contra essa encarnação, a partir da resistência que lhe opõe o povo, o próprio povo pode e deve contribuir na criação de uma ideologia e de ações para combater a ideologia ou as ideologias dominantes.

PAULO: Claro. Estou totalmente de acordo neste ponto. Esta tem sido uma de minhas lutas, de minhas exigências, desde antes mesmo da *Pedagogia do oprimido*, onde insisto em que o ponto de partida de um projeto político-pedagógico, tem de estar exatamente nos níveis de aspiração, nos níveis de sonho, nos níveis de compreensão da realidade e nas formas de ação e de luta dos grupos populares.

Agora tu introduzes, na tua análise, um elemento que, para mim, clarifica minha análise teórica, quando insistes em que o ponto de partida deveria estar precisamente na *resistência*. Quer dizer, nas formas de resistência das massas populares. Se nos recusamos a conhecer essas formas de resistência porque, antidialeticamente, aceitamos que tudo entre elas vem sendo reprodução da ideologia dominante, terminamos caindo nas posições voluntaristas, intelectualistas, nos discursos autoritários cujas propostas de ação não coincidem com o viável dos grupos populares. A questão é como nos acercar das massas populares, para compreender os seus níveis de resistência, onde se encontram entre elas, como se expressam e trabalhar então sobre isto.

ANTONIO: Acho, Paulo, que nesse sentido a alfabetização ou educação popular, como quer que chamemos, desempenha um papel fundamental, porque a alfabetização e a pós-alfabetização partem de certas ideias que são modelos. E esses modelos são propostos. Modelos políticos, modelos sociais, modelos de concepção da sociedade industrializada, não industrializada, socializada ou não socializada.

Parte-se, portanto, de ideias-modelo, as quais estruturam o programa de alfabetização e de pós-alfabetização. Através disso, quer se impor modelos reacionários ou progressistas. Mas não percebemos que estamos trabalhando em nível metafísico, em nível de ideias, e na verdade o que estamos propondo ao povo é uma concepção elaborada em nossa mente.

E não é o povo que elaborou essa concepção. Então, como você expõe em seu trabalho, a alfabetização e a pós-alfabetização devem partir da compreensão da cotidianeidade, compreensão que deve ser alcançada pelo próprio povo. E nós junto com ele. Não que sejamos os que irão refletir sobre a sua cotidianeidade; o que é preciso levar a esse povo é que, juntos, nós e ele, realizemos uma reflexão sobre a sua e a nossa cotidianeidade. E, assim, descobrir eles mesmos seus momentos de resistência, suas expressões de resistência, suas bases para construir uma ideologia, e descobrir que é ele mesmo que tem de construí-la, num processo do qual, sem dúvida, nós participamos. Como disse Gramsci, "o povo tem o sentimento, sente, atua; o intelectual compreende mas não sente". O que temos de fazer é unir o sentimento e a compreensão para alcançar o verdadeiro.

PAULO: Creio, Antonio, que o intelectual militante político corre o risco, permanente, ora de se tornar autoritário, ora de intensificar o seu autoritarismo, quando não é capaz de superar uma concepção messiânica da transformação social, da transformação revolucionária.

E é interessante observar, do ponto de vista do seu autoritarismo, a facilidade com que considera os que defendem a necessidade desta comunhão com as massas populares como puros reformistas, ou populistas, ou sociais-democratas.

Guevara e Amílcar Cabral jamais renunciaram a esta comunhão. Na verdade, a posição que defende a comunhão com as massas não é a de braços cruzados, não é a de quem pensa que o papel do intelectual é apenas o do assistente, do mero ajudante, do facilitador. O seu papel realmente importante e fundamental será tão maior e tão substantivamente democrático quando, ao pôr-se a serviço dos interesses das classes trabalhadoras, jamais as tente manipular através de sua competência técnica ou científica ou através de sua linguagem, de sua sintaxe. Quanto mais busque esta coerência, tanto mais descobre que precisa colocar juntos o "sentimento" e a "compreensão" do mundo. À leitura crítica da realidade, tem de juntar a sensibilidade do real e, para ganhar esta sensibilidade ou desenvolvê-la, precisa da comunhão com as massas. O intelectual precisa saber que a sua capacidade crítica não é superior nem inferior à sensibilidade popular. A leitura do real requer as duas.

Longe das massas populares, em interação apenas com seus livros, o intelectual corre o risco de ganhar uma racionalidade desencarnada, uma compreensão do mundo sem carne.

Agora mesmo estou me lembrando da referência que fizeste a uma conversa entre ti e um camponês boliviano, quando, com humor, ele te perguntou: "Sabe o senhor por que não há golpe militar nos Estados Unidos? Porque lá não há embaixada dos Estados Unidos."

Ao terminar estes comentários, quero deixar bem claro que não se trata, de modo algum, de idealização das massas populares. Elas não são nem puras, nem castas.

ANTONIO: A dificuldade, Paulo, em entender a importância da análise da cotidianeidade está no fato de que nós, intelectuais, estamos acostumados a trabalhar com ideias-modelo. Sem dúvida, nós homens, mulheres, e sobretudo os intelectuais, precisamos de ideias para compreender o mundo. Mas, se estas ideias se transformam em modelos, ou seja, se não são aplicadas criativamente à realidade, corremos o risco de considerá-las como a realidade. Assim, é o concreto que deve se adaptar às ideias e não o contrário. Cairíamos no que eu chamaria de um hegelianismo vulgar: pensar que a Ideia é a realidade e que esta não é senão o desenvolvimento daquela através dos conceitos. Dessa forma, para explicar a inadequação entre as ideias e a realidade, para explicar a não coincidência entre os conceitos e a realidade concreta, o fracasso da compreensão e da transformação da realidade histórica se mantém firme em que é a realidade que se equivoca e não as nossas ideias ou sistema de ideias.

Por esse caminho, a cotidianeidade popular nos escapa, bem como a ação e a resistência popular. Penso que o intelectual tem de percorrer o caminho inverso: partir da realidade, da ação cotidiana, do povo e de nós mesmos, pois nós estamos imersos numa cotidianeidade, refletir sobre essa ação cotidiana e, então, ir criando ideias para compreendê-la. E essas ideias já não serão mais ideias-modelo, serão ideias que irão se fazendo com a realidade.

Nesse sentido, acredito que eliminamos esse amor absoluto pelos modelos conceituais, esse amor absoluto pelos conceitos que adquirem um valor superior à própria realidade, na medida em que permitem "compreender" e "transformar" a realidade.

Acho que isso pode ser aplicado, inclusive, ao que se mal interpreta como o seu "método", porque no fundo muitos pensam que seu método é um modelo!

Penso que você jamais considerou seu método um modelo.

PAULO: Jamais.

ANTONIO: O método para você é um conjunto de princípios que têm de ser permanentemente recriados, na medida em que a realidade outra e sempre diferente exige que esses princípios sejam lidos de maneira diversa. E enriquecidos de maneira diversa. É por essa razão, que, no fundo, seu método é uma espécie de provocação aos intelectuais e à realidade para que eles o recriem, a fim de traduzir os princípios metodológicos segundo as exigências e responder, assim, a diferentes realidades concretas.

O que você pensa disso?

PAULO: Estou completamente de acordo com isso. Não é por outra razão que sempre digo que a única maneira que alguém tem de aplicar, no seu contexto, alguma das proposições que fiz é exatamente refazer-me, quer dizer, não seguir-me. Para seguir-me, o fundamental é não seguir-me. É exatamente o que tu dizes.

Mas, Antonio, gostaria de te fazer uma pergunta, sem sair muito dos rumos da nossa conversa. Ainda que tenhas tido, na Europa, uma experiência docente, em termos sistemáticos, não muito longa, como tu a vias em comparação com a que tiveste no Chile? Que coisas mais importantes tu sublinharias na atividade docente que tiveste em Genebra?

ANTONIO: O problema é bastante complexo, porque, no Chile, a experiência acadêmica era uma experiência imersa num contexto político.

PAULO: O que não se repetia aqui, em Genebra.

ANTONIO: De sorte que para nós, no Chile, o ensino estava ligado a posições políticas, a uma luta política, à transformação de uma realidade. Ao passo que o contexto europeu era completamente diverso, não possuía essa dimensão política. Ou melhor, possuía outra dimensão política. E por isso mesmo o trabalho era fundamentalmente "neutro" nesse sentido. *(risos)*

Na verdade, acredito que fosse até mais político do que aquele que se realizava política e abertamente no Chile. Aqui, o político consiste em negar o político e, então, separar toda a análise e todo o trabalho de ideias do contexto político concreto das lutas sociais.

PAULO: Sem pretender desviar-te de tua reflexão, faria um parêntese para comentar. Momentos antes, tu dizias da importância de compreendermos como a ideologia dominante se cristaliza em práticas e não apenas em discursos. A afirmação de que a educação é neutra, em muitos momentos, é mais do que pura oralidade.

Da mesma forma, quando um cientista diz ao aluno: agora deixaste de ser cientista porque julgaste a realidade e a realidade está aí para que falemos dela, a realidade está aí simplesmente para que dela façamos...

ANTONIO: ...uma descrição.

PAULO: Uma descrição, mas não para ser julgada. Quanto mais para ser transformada. E é interessante observar como a ideologia dominante, cristalizando-se em frases assim, procura assumir ou expressar o peso de uma verdade insofismável, irretrucável. Tu tens razão; ao ser tão enfatizada a apoliticidade da ciência e da educação, a sua politicidade termina por ser sublinhada. A negação da politicidade é finalmente percebida como um ato político...

ANTONIO: Não, na Europa isso é fundamental. Eu trabalhei no Instituto Universitário, que se ocupa do estudo dos países do Terceiro Mundo. Lá se vê como são abstratos os conceitos sobre o Terceiro Mundo. O próprio conceito do Terceiro Mundo já é uma abstração total! Os conceitos empregados para se compreender essa realidade não europeia são absolutamente abstratos. Aprendemos a ser modestos à medida que viajamos cada vez mais e participamos da luta do povo em diferentes lugares. Quando me indagam se eu conheço muito bem a África ou a América Latina, respondo negativamente. A cada viagem, conheço menos!

Esta é uma atitude totalmente diferente da do europeu, que vai e permanece dois ou três anos e se transforma em um especialista em América Latina ou África. Eu, após cada viagem, me transformo em um menos especialista, em um não especialista em África e América Latina, justamente porque descubro essas diferenças essenciais. Ao passo que o europeu busca descobrir o que há de *comum*, e isso se torna para ele o essencial; para mim, o essencial são as *diferenças* e, como a cada vez descubro mais diferenças, cada vez descubro que sei menos. O caminho é, então, a modéstia; é o caminho necessário.

PAULO: Mas voltemos à questão da tua experiência docente em Genebra. Tiveste alguma dificuldade, por exemplo, em obter a adesão dos estudantes para dedicar algum tempo, pelo menos, à reflexão crítica sobre sua prática, a partir de que poderias, com eles, fazer análises teóricas aprofundadas? Ou, pelo contrário, exigiam eles que fosses um professor no sentido tradicional?

ANTONIO: Ah, sem dúvida! O professor é o que detém a verdade e, como tal, tem de dizer a verdade. Mas nenhum de nós tem a verdade, ela se encontra no devir do diálogo;

como dizia Hegel, "a verdadeira realidade é o devir", não é o ser nem o não ser, mas a tensão entre ambos — o processo histórico é o verdadeiro. Assim, quando se propõe que o verdadeiro é uma busca e não um resultado, que o verdadeiro é um processo, que o conhecimento é um processo e, enquanto tal, temos de fazê-lo e alcançá-lo através do diálogo, através de rupturas, isto não é aceito pela grande maioria dos estudantes que se acham acostumados a que o professor, hierarquicamente, tenha a verdade, ele o sábio, e portanto não aceitam o diálogo. Para eles o diálogo é sinal da fraqueza do professor, para eles a modéstia no saber é mostra de fraqueza e ignorância.

Quando é justamente o contrário. Acredito que a fraqueza está naquele que julga deter a verdade e, por isso mesmo, é intolerante; a força está naquele outro que afirma: "Eu talvez tenha parte da verdade, não a tenho em sua completude, parte dela está com vocês — procuremo-la juntos." Essas dificuldades então fazem com que um homem do Terceiro Mundo, ao começar a falar do Terceiro Mundo, comece realmente a descobri-lo, pois ser um homem do Terceiro Mundo não significa "conhecer" o Terceiro Mundo. Propor que o conheçamos juntos constitui para a maioria uma declaração de ignorância, quando na verdade deveria ser uma declaração de sabedoria. Não devemos confundir "sentir" com "compreender".

Que experiências você teve nesse plano?

PAULO: Ah! Nesse plano eu tive e continuo a ter experiências muito ricas, muito interessantes, nos Estados Unidos e na Europa. De forma mais ou menos sistemática, em algumas universidades dos Estados Unidos, do Canadá, do

Brasil e da Suíça; de forma menos sistemática, em outras tantas universidades americanas, latino-americanas, europeias e africanas. Eu te diria que os resultados de minha prática têm sido muito mais positivos do que negativos. Agora, em julho passado, antes de vir a Genebra, coordenei três cursos, durante o mês, com atividades diárias, nas universidades de British Colombia, em Vancouver, e de Alberta, em Edmonton, Canadá. Trabalhei *com* os estudantes, não *para* eles e muito menos *sobre* eles. Raramente tenho percebido envolvimento tão conscientemente crítico, um sentido de responsabilidade tão claro, um gosto do risco e da aventura intelectual — sem o que não há criatividade — tão presente quanto o que encontrei entre os participantes dos cursos referidos. Mas não há como esquecer que também sempre nos defrontamos com essa certeza ideologizada segundo a qual o estudante existe para aprender e o professor para ensinar. Essa "sombra" é tão forte, tão pesada, que o professor dificilmente percebe que, ao ensinar, ele aprende também, primeiro, porque ensina, quer dizer, é o próprio processo de ensinar que o ensina a ensinar. Segundo, ele aprende com aquele a quem ensina, não apenas porque se prepara para ensinar, mas também porque revê o seu saber na busca do saber que o estudante faz. Tenho insistido em trabalhos antigos como em recentes, em quanto a inquietação dos estudantes, a sua dúvida, a sua curiosidade, a sua relativa ignorância devem ser tomadas pelo professor como desafios a ele. No fundo, a reflexão sobre tudo isso é iluminadora e enriquecedora do professor como dos alunos.

A curiosidade do estudante às vezes pode abalar a certeza do professor. Por isso é que, ao limitar a curiosidade do aluno, a sua expressividade, o professor autoritário limita a sua também. Muitas vezes, por outro lado, a pergunta que o aluno, livre para fazê-la, faz sobre um tema, pode colocar ao professor um ângulo diferente, do qual lhe será possível aprofundar mais tarde uma reflexão mais crítica.

É isso que venho tentando fazer ao longo de minha vida de professor. Não diria que a forma como trabalho seja a única ou a melhor. É a forma que me agrada. Mais que me agrada, simplesmente, nela ou através dela me sinto em coerência com a minha opção política.

O que me preocupa, sobretudo, é opor-me teórica e praticamente a duas associações geralmente feitas, mesmo que nem sempre explicitadas. A primeira, entre procedimento democrático e falta de rigor acadêmico; a segunda, entre rigor acadêmico e procedimento autoritário.

No fundo, os que fazem estas associações não escondem um forte ranço contra a democracia e contra a liberdade. É como se, para eles e para elas, a democracia fosse algo que não tivesse nada que ver com o contexto de um seminário ou de um laboratório. É como se fosse possível que, primeiro, de forma autoritária, bem-comportados, cuidadosamente orientados, bem-enquadrados, nos tornássemos rigorosos para, depois, com o rigor assim adquirido, fazer a democracia lá fora.

A democracia e a liberdade não inviabilizam a rigorosidade. Pelo contrário, viver autenticamente a liberdade implica aventurar-se, arriscar-se, criar. A licenciosidade enquanto distorção da liberdade é que compromete a rigorosidade.

Bem, em última análise, a minha experiência tem sido sempre rica, e a mim me conforta que, nela, jamais tenha partido da convicção autoritária de que tenho uma verdade a impor — a verdade indiscutível. Por outro lado, nunca disse ou sequer sugeri que o contrário de não ter uma verdade para impor seria não ter nada a propor. Se nada temos a propor ou se simplesmente nos recusamos a fazê-lo, não temos o que fazer verdadeiramente na prática educativa. A questão que se coloca está na compreensão pedagógico--democrática do ato de propor. O educador que não pode negar-se a propor, não pode também recusar-se à discussão, em torno do que propõe, por parte do educando. No fundo, isto tem que ver com o quase mistério que envolve a prática do educador que vive a substantividade democrática, o de afirmar-se sem contudo desafirmar os educandos. É esta posição, a da radicalidade ou da substantividade democrática, que se contrapõe, de um lado, ao autoritarismo e, de outro, ao espontaneísmo.

Eu terminaria estas considerações dizendo que a mesma exigência que me faço, de viver a substantividade democrática nas relações com os educandos com quem trabalho, coloco à liderança revolucionária em suas relações político-pedagógicas com as classes trabalhadoras, com as massas populares.

Não creio numa educação feita para e sobre os educandos. Não creio, também, na transformação revolucionária, como há tanto tempo já disse, feita *para* as massas populares, mas *com* elas.

ANTONIO: Penso, Paulo, que esse problema de ensinar ou de educar é fundamental e que, sem dúvida, relaciona-se ao que dizíamos antes: posições políticas bem determinadas em um mundo hierarquizado no qual os que detêm o poder detêm o saber, e ao professor a sociedade atual lhe oferece uma parte do saber e do poder. Este é um dos caminhos de reprodução da sociedade. Acho, então, que é profundamente democrático começar a aprender a perguntar.

No ensino esqueceram-se das perguntas, tanto o professor como o aluno esqueceram-nas, e no meu entender todo conhecimento começa pela pergunta. Começa pelo que você, Paulo, chama de *curiosidade*. Mas a curiosidade é uma pergunta!

Tenho a impressão (e não sei se você concorda comigo) de que hoje o ensino, o saber, é resposta e não pergunta.

PAULO: Exato, concordo contigo inteiramente! É isso que eu chamo de "castração da curiosidade". O que está acontecendo é um movimento unilinear, vai de cá pra lá e acabou, não há volta, e nem sequer há uma demanda; o educador, de modo geral, já traz a resposta sem lhe terem perguntado nada!

ANTONIO: Exatamente, e o mais grave, Paulo, é que o aluno se acostuma a esse tipo de trabalho e, então, o que o professor deveria ensinar — porque ele próprio deveria sabê-lo — seria, antes de tudo, *ensinar a perguntar*. Porque o início do conhecimento, repito, é *perguntar*. E somente a partir de perguntas é que se deve sair em busca de respostas, e não o contrário: estabelecer as respostas, com o que todo o saber fica justamente nisso, já está dado, é um absoluto, não cede lugar à curiosidade nem a elementos por descobrir. O saber já está feito, este é o ensino. Agora eu diria: "a única maneira de ensinar é aprendendo", e essa afirmação valeria tanto para o aluno como para o professor.

Não concebo que um professor possa ensinar sem que ele também esteja aprendendo; para que ele possa ensinar, é preciso que ele *tenha de aprender*.

PAULO: Concordo, a afirmação é mais radical ainda. Apanha o processo no seu começo mesmo. E a mim me toca muito essa afirmação anterior tua, com relação à pergunta, que é algo sobre que insisto tanto... O autoritarismo que corta as nossas experiências educativas inibe, quando não reprime, a capacidade de perguntar. A natureza desafiadora da pergunta tende a ser considerada, na atmosfera autoritária, como provocação à autoridade. E, mesmo quando isto não ocorra explicitamente, a experiência termina por sugerir que perguntar nem sempre é cômodo.

Uma das exigências que sempre fizemos, Elza e eu, a nós mesmos em face de nossas relações com as filhas e os filhos era a de jamais negar-lhes respostas às suas perguntas. Não importa com quem estivéssemos, parávamos a conversa para atender à curiosidade de um deles ou de uma delas. Só depois de testemunhar o nosso respeito a seu direito de perguntar é que chamávamos a atenção necessária para a presença da pessoa ou das pessoas com quem falávamos.

Creio que, na tenra idade, começamos a negação autoritária da curiosidade com os "mas que tanta pergunta, menino"; "cale-se, seu pai está ocupado"; "vá dormir, deixe a pergunta pra amanhã".

A impressão que tenho é a de que, em última análise, o educador autoritário tem mais medo da resposta do que da pergunta. Teme a pergunta pela resposta que deve dar.

Creio, por outro lado, que a repressão à pergunta é uma dimensão apenas da repressão maior — a repressão ao ser inteiro, à sua expressividade em suas relações no mundo e com o mundo.

O que se pretende autoritariamente com o silêncio imposto, em nome da ordem, é exatamente afogar nele a indagação. Tu tens razão; um dos pontos de partida para a formação de um educador ou de uma educadora, numa perspectiva libertadora, democrática, seria essa coisa aparentemente tão simples: O que é perguntar? A este respeito, te contaria uma experiência que vivi com profunda emoção. Foi em Buenos Aires, aonde fora quando ainda trabalhava aqui no Conselho, em seguida à volta de Perón. Convidado pelo Ministério da Educação, suas equipes, tendo à frente o ministro Tayana, ex--médico de Perón, por causa do que teve de pagar caro após o golpe militar, organizaram excelente programa de trabalho para mim durante oito dias, com tempo integral. Era a minha primeira visita à Argentina, à qual não pude ainda voltar, até recentemente por proibição expressa dos militares.

O programa constava de seminários diários com professores universitários, reitores, técnicos dos diferentes setores do Ministério, artistas, mas constava também e fundamentalmente de visitas às áreas periféricas de Buenos Aires. Num domingo pela manhã, fui a uma dessas áreas. O encontro seria numa espécie de associação de moradores. Um grupo enorme de gente. Fui apresentado pelo educador que me acompanhava.

Não vim aqui, disse eu, para fazer um discurso, mas para conversar. Farei perguntas, vocês também. As nossas respostas darão sentido ao tempo que passaremos juntos aqui.

Parei. Houve um silêncio cortado por um deles que falou:

Muito bem, acho que é bom assim. Realmente não gostaríamos que você fizesse um discurso. Tenho já uma primeira pergunta.

Pois não, disse eu.

O que significa mesmo perguntar?

Aquele homem de uma favela de Buenos Aires, naquela manhã de domingo, fez a pergunta fundamental. Em lugar de responder sozinho, tentei arrancar do grupo o que lhe parecia ser perguntar. A cada momento procurava esclarecer um ou outro ponto, insistindo sobre a curiosidade que a pergunta expressa. Tu tens razão, talvez devesse ser este um dos pontos primeiros a ser discutido, num curso de formação com jovens que se preparam para ser professores: o que é perguntar. Insistamos, porém, em que o centro da questão não está em fazer com a pergunta "o que é perguntar?" um jogo intelectual, mas viver a pergunta, viver a indagação, viver a curiosidade, testemunhá-la ao estudante. O problema que, na verdade se coloca ao professor é o de, na prática, ir criando com os alunos o hábito, como virtude, de perguntar, de "espantar-se".

Para um educador nesta posição não há perguntas bobas nem respostas definitivas. Um educador que não castra a curiosidade do educando, que se insere no movimento interno do ato de conhecer, jamais desrespeita pergunta alguma. Porque, mesmo quando a pergunta, para ele, possa parecer ingênua, mal formulada, nem sempre o é para quem a fez. Em tal caso, o papel do educador, longe de ser o de ironizar o educando, é ajudá-lo a refazer a pergunta, com o que o educando aprende, fazendo, a melhor perguntar.

ANTONIO: Veja, Paulo, como estamos voltando ao início do conhecimento, às origens do ensinar, da pedagogia. E estamos de acordo em que tudo começa, e já o dizia Platão, com a curiosidade e, ligada à curiosidade, a pergunta.

Creio que você tem razão quando diz que a primeira coisa que aquele que ensina deveria aprender é saber perguntar. Saber perguntar-se, saber quais são as perguntas que nos estimulam e estimulam a sociedade. Perguntas essenciais, que partam da cotidianeidade, pois é nela onde estão as perguntas. Se aprendêssemos a nos perguntar sobre nossa própria existência cotidiana, todas as perguntas que exigissem resposta e todo esse processo pergunta-resposta, que constitui o caminho do conhecimento, começariam por essas perguntas básicas de nossa vida cotidiana, desses gestos, dessas perguntas corporais que o corpo nos faz, como você diz.

Eu insistiria em que a origem do conhecimento está na pergunta, ou nas perguntas, ou no ato mesmo de perguntar; eu me atreveria a dizer que a primeira linguagem foi uma pergunta, a primeira palavra foi a um só tempo pergunta e resposta, num ato simultâneo. Eu não entendo a linguagem quando falo de linguagem, apenas a linguagem falada.

Sabemos que a linguagem é de natureza gestual, corporal, é uma linguagem de movimento de olhos, de movimento do coração. A primeira linguagem é a do corpo e, na medida em que essa é uma linguagem de perguntas e na medida em que limitamos essas perguntas e não ouvimos ou valorizamos senão o que é oral ou escrito, estamos eliminando grande parte da linguagem humana. Creio ser fundamental que o professor valorize em toda sua dimensão o que constitui a linguagem, ou as linguagens, que são linguagens de perguntas antes de serem linguagens de respostas.

PAULO: De acordo. Estou certo, porém, de que é preciso deixar claro, mais uma vez, que a nossa preocupação pela pergunta, em torno da pergunta, não pode ficar apenas no nível da pergunta pela pergunta. O importante, sobretudo, é ligar, sempre que possível, a pergunta e a resposta a ações que foram praticadas ou a ações que podem vir a ser praticadas ou refeitas. Eu não sei se fica claro o que digo. Parece-me fundamental esclarecer que a tua defesa e a minha, do ato de perguntar, de maneira nenhuma tomam a pergunta como um jogo intelectualista. Pelo contrário, o necessário é que o educando, ao perguntar sobre um fato, tenha na resposta uma explicação do fato e não a descrição pura das palavras ligadas ao fato. É preciso que o educando vá descobrindo a relação dinâmica, forte, viva, entre palavra e ação, entre palavra-ação-reflexão. Aproveitando-se, então, exemplos concretos da própria experiência dos alunos durante uma manhã de trabalho dentro da escola, no caso de uma escola de crianças, estimulá-los a fazer perguntas em torno da sua própria prática e as respostas, então, envolveriam a ação que provocou a pergunta. Agir, falar, conhecer estariam juntos.

Antonio: É necessário, no entanto, precisar a relação pergunta-ação, pergunta-resposta-ação. Acredito que você não pretenda que a relação entre toda pergunta e uma ação deva ser uma relação direta. Há perguntas que são mediadoras, perguntas sobre perguntas, às quais se deve responder.

O importante é que esta pergunta sobre a pergunta, ou estas perguntas sobre as perguntas, e sobre as respostas, esta cadeia de perguntas e respostas, enfim, esteja amplamente vinculada à realidade, ou seja, que não se rompa a cadeia. Porque estamos acostumados ao fato de que essa cadeia de perguntas e respostas, que no fundo não é senão o conhecimento, rompe-se, interrompe-se, não alcança a realidade. O que exigimos é que, havendo perguntas mediadoras, elas sejam sempre uma ponte entre a pergunta primeira e a realidade concreta.

Penso que o ato de perguntar, ou a própria pergunta, enquanto princípio de conhecimento, poderia ser compreendido em grupos concretos. Recordo-me, por exemplo, que, às vésperas de minha partida para o Zaire, fui procurado por um jovem natural desse país e que estava preparando sua tese de doutoramento, um estudo sobre a experiência educacional das igrejas missionárias no Zaire.

Ao iniciar nosso diálogo, eu lhe disse: "É você quem fala, eu o escuto. Você me dirá o que pensa, o que conseguiu como informação, quais são suas preocupações a se concretizarem num trabalho de tese." Durante cerca de uma hora, esse jovem deu-me informações incríveis: idas a bibliotecas, leitura de livros, diálogos com as pessoas que viveram a época das missões no Zaire. Mas toda essa informação era uma informação desprovida de forma.

Ao fim eu lhe observei: "Quais são as perguntas que você se faz para estruturar o seu trabalho de tese? Porque todo trabalho de tese, como todo trabalho de pesquisa, deve iniciar-se por encontrar as perguntas-chaves que é preciso resolver."

Não digo que não seja preciso informar-se, mas o fundamental é que essa curiosidade que nos leva a nos preocuparmos com um tema determinado se concretize em perguntas essenciais que serão os fios condutores de nosso trabalho. Se encontramos cinco ou seis perguntas essenciais, são essas perguntas e as respostas a elas que constituirão uma tese acadêmica.

PAULO: E, durante o processo de buscar informações que ajudem a responder a essas perguntas, tudo indica que outras perguntas fundamentais emergem na constituição de um corpo coerente, lógico, rigoroso, que deve ser a tese.

Antonio: Sim, creio que o valor de uma tese está na descoberta e na formulação de perguntas essenciais que despertem a curiosidade de outros pesquisadores. O valor não está tanto nas respostas, porque as respostas são sem dúvida provisórias, como as perguntas...

Mas, à medida que encontramos as perguntas essenciais que nos permitirão responder e descobrir novas perguntas, forma-se essa cadeia que possibilitará que a tese se vá construindo. Uma tese em que não só as respostas serão o fundamental, mas também essa cadeia de perguntas, provisórias sempre. Parece-me, no entanto, que, para começar uma tese, o fundamental é aprender a perguntar. A tarefa da filosofia e do conhecimento em geral não é tanto resolver, mas perguntar, e perguntar bem.

Paulo: Creio, nesse sentido, que o educando inserido num permanente processo de educação, tem de ser um grande perguntador de si mesmo. Quer dizer, não é possível passar de segunda a terça-feira sem se perguntar constantemente.

Volto a insistir na necessidade de estimular permanentemente a curiosidade, o ato de perguntar, em lugar de reprimi-lo. As escolas ora recusam as perguntas, ora burocratizam o ato de perguntar. A questão não está simplesmente em introduzir no currículo o momento das perguntas, de nove às dez, por exemplo. Não é isto! A questão nossa não é a burocratização das perguntas, mas reconhecer a existência como um ato de perguntar!

A existência humana é, porque se fez perguntando, a raiz da transformação do mundo. Há uma radicalidade na existência, que é a radicalidade do ato de perguntar.

Exatamente, quando uma pessoa perde a capacidade de assombrar-se, se burocratiza.

Me parece importante observar como há uma relação indubitável entre assombro e pergunta, risco e existência. Radicalmente, a existência humana implica assombro, pergunta e risco. E, por tudo isso, implica ação, transformação. A burocratização implica a adaptação, portanto, com um mínimo de risco, com nenhum assombro e sem perguntas. Então a pedagogia da resposta é uma pedagogia da adaptação e não da criatividade. Não estimula o risco da invenção e da reinvenção. Para mim, negar o risco é a melhor maneira que se tem de negar a própria existência humana.

ANTONIO: Para dimensionar, digamos, essa burocratização da pergunta, é suficiente ter em vista apenas os textos que se submetem. As perguntas são perguntas que já trazem a resposta. Nesse sentido, não são sequer perguntas! São antes respostas que perguntas.

O estudante tem de saber de antemão a resposta à pergunta que se lhe fará. Entretanto, se o ensinássemos a perguntar, ele teria a necessidade de perguntar-se a si mesmo e de encontrar ele próprio respostas criativamente. Ou seja, de participar de seu processo de conhecimento e não simplesmente responder a uma determinada pergunta com base no que lhe disseram.

Insisto em que a educação em geral é uma educação de respostas, em lugar de ser uma educação de perguntas. Uma educação de perguntas é a única educação criativa e apta a estimular a capacidade humana de assombrar-se, de responder ao seu assombro e resolver seus verdadeiros problemas essenciais, existenciais. E o próprio conhecimento.

O caminho mais fácil é justamente a pedagogia da resposta, porque nele não se arrisca absolutamente nada. O medo do intelectual está quase em arriscar-se, em equivocar-se, quando é justamente o equivocar-se que permite avançar no conhecimento. Então, nesse sentido, a pedagogia da liberdade ou da criação deve ser eminentemente arriscada. Deve ousar-se ao risco, deve provocar-se o risco, como única forma de avançar no conhecimento, de aprender e ensinar verdadeiramente. Julgo importante essa pedagogia do risco, que está ligada à pedagogia do erro. Se negamos a negação que é o erro, essa nova negação é que dará positividade ao erro; essa passagem do erro ao não erro é o conhecimento. Jamais um novo erro será absolutamente um novo erro; será sempre um novo erro cujos elementos relativos implicam um novo erro, e esta cadeia se estende ao infinito. Se assim não fosse, alcançaríamos o conhecimento absoluto, e o conhecimento absoluto não existe. A força do negativo é fundamental, como dizia Hegel. A força do negativo no conhecimento é parte essencial do conhecimento, chama-se a isso erro, risco, curiosidade, pergunta etc.

PAULO: Sem essa aventura, não é possível criar. Toda prática educativa que se funda no estandardizado, no preestabelecido, na rotina em que todas as coisas estão pré-ditas, é burocratizante e, por isso mesmo, antidemocrática.

ANTONIO: Um exemplo é o desperdício da criatividade do operário na fábrica. O processo de trabalho é um processo criativo; mas, como a racionalidade do trabalho é pré-determinada e assim também são os passos a seguir, o operário está inserido num processo que não é educativo, lhe nega toda possibilidade de criatividade.

Quanto não ganharia o conhecimento humano, as ciências humanas e a própria sociedade se a criatividade do operário encontrasse um espaço livre para se manifestar. Ainda assim, ela se manifesta de fato, pois às vezes o operário resolve problemas não previstos pela racionalidade. Mas essa racionalidade exige que o operário não seja criativo. Se ela, no entanto, permitisse que o operário o fosse, ela se enriqueceria muito mais, com essa capacidade de criação que tem o operário, sobretudo numa racionalidade que seja aplicável ao concreto. Toda essa racionalidade proposta é, na verdade, uma racionalidade construída de modelos.

O grande problema é aplicar essa racionalidade ao concreto. E é nesse ponto que essa mesma racionalidade exige que o operário não responda criativamente aos problemas que a realidade concreta impõe a essa racionalidade abstrata.

PAULO: Nesse sentido, será tão mais eficiente o trabalho que, respondendo à exigência de maior produtividade na perspectiva capitalista, não pergunta nem se pergunte e pouco saiba mais além da tarefa rotineira que a produção em série lhe atribua.

Braverman[4] tem razão quando diz: "Quanto mais a ciência se incorpora ao processo de trabalho, menos o trabalhador entende o processo; quanto mais a máquina se torna um produto intelectual sofisticado, menos controle e compreensão da máquina tem o trabalhador." Assim, em nome

---

[4] Harry Braverman, "Labor and Monopoly Capital: The Degradation of Work in the Twentieth Century", in *Monthly Review Press*, 1974, p. 425.

da eficiência, da produtividade, o que se faz é a burocratização da mente ou da consciência ou da capacidade criadora do operário.

Embrutecer a força de trabalho submetida a procedimentos rotineiros faz parte da natureza do modo de produção capitalista. O que se dá na produção do conhecimento na escola é, em grande parte, mesmo que possamos fazer o contrário, a reprodução desse mecanismo.

Na verdade, quanto mais se "embrutece" a capacidade inventiva e criadora do educando, tanto mais ele é apenas disciplinado para receber "respostas" a perguntas que não foram feitas, como salientaste antes. Quanto mais se adapta o educando a tal procedimento, tanto mais ironicamente se pensa que essa é uma educação produtiva.

No fundo, essa é uma educação que reproduz o autoritarismo do modo de produção capitalista. É lamentável observar como educadores progressistas, ao analisar e ao combater a reprodução da ideologia dominante, dentro da escola, reproduzem a ideologia autoritária embutida no modo capitalista de produção.

Antonio: Sim, é a racionalidade abstrata que impõe um poder determinado de uma ideologia determinada. Sem dúvida, é muito difícil escapar a isso. O que se reproduz num processo educativo, tanto no trabalho como nas escolas, se reproduz também no âmbito político, no processo político, que é também um grande processo educativo, no qual a criatividade das massas é ignorada, é esmagada! Quanto mais a massa escuta os líderes, menos pensa — isso é considerado o sumo da política, quando deveria ser o contrário. Isso se dá junto aos políticos autoritários, tanto de esquerda como de direita. O mais grave é que se reproduza na esquerda, entre os políticos progressistas.

No fundo reproduzem uma racionalidade que propõe uma sociedade injusta, na qual alguns grupos detêm o saber, o poder, as respostas, a racionalidade etc. Partamos de uma análise da pergunta, da criatividade das respostas como ato de conhecimento, como processo de pergunta-resposta que deveria ser realizado por todos os que participam do processo educativo. Se aplicamos essa análise ao processo político propriamente dito, vemos como essa racionalidade dominadora exerce uma influência fundamental na política progressista dos líderes que se dizem de esquerda ou que pretendem estar ligados às massas. A eficiência política é melhor avaliada pelo grau de resposta das massas às exigências feitas pelos líderes políticos. Também a eficiência do educando está em que ele responda cada vez mais através das respostas dadas por aquele que é seu professor. Tudo isso resulta na morte do processo de conhecimento enquanto tal, na morte do processo político enquanto tal e na reprodução de uma sociedade de autoritarismo e elitismo, que constitui a negação da própria educação, do processo educativo.

Paulo, agora que de alguma forma analisamos e aprofundamos o que propusemos como pedagogia da pergunta e pedagogia da resposta, eu sugeriria retomar um tema à luz nova dessa conceituação – as manifestações culturais de resistência que as massas opõem às ideologias dominantes. Ideologias que são vividas também pelas massas na sua cotidianeidade, como você dizia, mas que não se acham sozinhas na direção da vida cotidiana, pois nesta existem ações, gestos, manifestações culturais e políticas que impõem resistência a essas ideologias dominantes.

PAULO: A este respeito diria, até me repetindo um pouco, que a compreensão crítica das expressões culturais de resistência das classes sociais oprimidas é fundamental à estruturação de planos de ação político-pedagógicos. Essas expressões culturais que falam da maneira como leem elas sua realidade e de como se defendem devem estar no ponto de partida daqueles planos. A mobilização popular que, em si, implica o processo de organização se faz com mais facilidade quando se levam em consideração essas formas de resistência popular que, de modo geral, constituem o que venho chamando de "manhas" dos oprimidos. Com elas, se defendem das arrancadas agressivas das classes dominantes e até também da situação ambiental insatisfatória em que vivem e às vezes apenas sobrevivem em decorrência da exploração de classe.

Na minha experiência em áreas rurais e urbanas, não apenas brasileiras, vim aprendendo a perceber, nas defesas que o corpo dos oprimidos termina por criar nas mais dramáticas situações, como manhosamente se imuniza. É uma espécie de "vacinação" mesmo precária, mas sem a qual não haveria quem sobrasse.

No domínio mais direto da cultura, sem que pretenda afastar a defesa do corpo deste domínio, as manhas se fazem necessárias na luta contra a invasão da cultura dominante. É interessante observar como cultos afro-brasileiros "aceitaram" assimilar santos e santas da tradição católica por pura defesa.

Creio ainda que, no domínio da linguagem, ao nível da sintaxe, da semântica, os oprimidos se afirmam e se defendem manhosamente. Às vezes, dizendo uma coisa, estão afirmando outra — é a forma de defenderem sua verdade.

Por isso, tenho para mim que, na medida em que penetramos nas resistências para entendê-las, conhecendo melhor as expressões culturais, a linguagem das classes dominadas, vamos percebendo também como é que a ideologia dominante está se fazendo encarnada, quais os vazios que ela não conseguiu preencher ou os que só aparentemente preencheu em função mesma da resistência das classes populares.

Não tenho dúvida nenhuma de que a compreensão do senso comum das classes populares — como estão percebendo o seu papel no mundo, na história, como elas se veem em sua relação com as lideranças políticas —, a compreensão crítica de seus sonhos, tudo isso é indispensável a qualquer esforço de luta pela transformação da sociedade. Sem compreender essas relações, sem compreender os limites da resistência das classes populares, no sentido de estimulá-la para com elas ultrapassá-los, é difícil atuar politicamente, com eficiência revolucionária. Guevara costumava descer a Sierra, discretamente, é claro, para, trabalhando como médico entre camponeses de comunidades próximas ao centro em que se achava, aprender com eles suas formas de resistência. Em outras palavras, é preciso compreender as manhas para entender também o medo. E o medo é uma coisa normal. Basta estar vivo, para ter medo. Mas é necessário compreender igualmente os limites do medo, para que se compreendam também os limites dos espaços de resistência.

Não sei se estou sendo claro ao dizer isso.

Neste sentido, me parece fundamental que o educador-político e o político-educador se tornem capazes de ir aprendendo a juntar, na análise do processo em que se acham, a sua competência científica e técnica, forjada ao longo de sua experiência intelectual, à sensibilidade do concreto. Se eles forem capazes de fazer este casamento indissolúvel entre a compreensão mais rigorosa e a sensibilidade sem a qual a rigorosidade também falha, a sua prática irá se afirmar e crescer. O que têm, portanto, de fazer é — expondo-se aos valores culturais, às formas de resistência, às manhas populares — começar a, mais do que intelectualmente compreendê-las, senti-las. Se não sentem a manha, falam dela conceitualmente, mas não são capazes de percebê-la enquanto manha, concretamente.

Quando às vezes me pergunto por que tanta resistência por parte de muitos de nós a viver esta comunhão com os grupos populares, a respeitar a compreensão do mundo que estão tendo; por que tanta resistência a aprender também com as massas populares, a ser simples, em nossa tentativa de comunicação com elas, recusando, de um lado, o uso de linguagem sofisticada, do outro, o simplismo, no fundo arrogante e elitista, não tenho muitas respostas senão a que vê nisso tudo o ranço autoritário que nos marca. De fato, esse autoritarismo de origem burguesa e pequeno-burguesa, assumido também em nome da ciência, de seu rigor, que deve ser imposto às classes populares, por causa de sua "incompetência", me faz lembrar um desses momentos de raiva que Marx revela sobretudo em sua correspondência. Me refiro a uma carta-circular que, pelo menos em alguns aspectos, tem a ver com os comentários que estou fazendo, carta de

Marx e Engels a A.A. Bebel, G. Liebknecht, W. Bracke e outros.[5] Em certo momento, dizem: "Não podemos, por conseguinte, marchar com homens que declaram abertamente que os operários são demasiado incultos para emancipar-se, eles mesmos, pelo que têm de ser libertados de cima pelos filantropos da grande burguesia e da pequena burguesia."

Por isso é que venho insistindo, a teu lado, desde o primeiro diálogo nosso, numa pedagogia da radical pergunta. E esta pedagogia, vivida na escola ou na luta política, é substantivamente democrática e, por isso mesmo, antiautoritária, jamais espontaneísta ou liberal-conservadora. No fundo, uma pedagogia em cuja prática não há lugar para a dicotomia entre sentir o fato e apreender a sua razão de ser. A sua crítica à escola tradicional não se esgota nas questões técnicas e metodológicas, nas relações importantes educador-educando, mas se estende à crítica do próprio sistema capitalista.

Tenho a impressão de que, a partir dessas reflexões, podes retomar o tema e aprofundá-lo com outro tipo de análise, incluindo, se queres, alguma consideração sobre experiências concretas tuas.

ANTONIO: Gostaria de insistir nessa relação que você observa entre o saber científico e um determinado poder autoritário. O saber científico, considerado por todos nós como o Saber, leva-nos a considerá-lo um saber em nós mesmos. Ele nos torna poderosos e, como tal, autoritários. Através dessa concepção do saber como poder, vemos claramente como a estrutura social pode ser explicada a partir de lutas pelo

---

[5] Karl Marx e Friedrich Engels, *Obras escogidas*, Tomo II. Moscou: Editorial Progresso, 1966, p. 49.

poder, de poderes distintos, em que uma parte desse poder ou desses poderes que aparecem na sociedade corresponderia ao intelectual, pelo fato de que ele detém o saber científico. Esse intelectual menospreza o saber que não é científico e, inconscientemente, o saber popular; para o intelectual e político, o senso comum popular mostra-se como um não saber e, enquanto não saber, como um não poder.

Na medida em que as massas não detêm o saber que o intelectual possui, elas não detêm o poder. E esse desprezo pelo saber popular afasta o intelectual das massas. Creio que uma das coisas que o intelectual deva aceitar é que esse saber popular é de uma riqueza sociológica fundamental para qualquer ato político, para qualquer ato de transformação da sociedade.

No meu entender, a primeira coisa que um intelectual progressista deve fazer, se quer juntar-se às massas, é respeitar esse saber e procurar apropriar-se dele. Meter-se nesse saber é, como você dizia, apropriar-se do sentimento, deste sentir, deste atuar das massas, que se manifesta fundamentalmente através da resistência ou das expressões culturais de resistência. Esta apropriação poderá, então, permitir ao intelectual propor seu saber "científico" recebendo, por sua vez, a sensibilidade das massas. E as massas poderiam apropriar-se desse saber científico, não da maneira como é formulado pelo intelectual, mas transformando-o. O saber "científico" transforma-se em científico apenas à medida que ele se apropria do saber popular. E o saber popular se transforma num saber de ação e transformação eficaz quando se apropria, por sua vez, de forma criativa, deste saber "científico" proposto pelo intelectual.

Parece-me interessante, Paulo, aprofundarmos o que entendemos por senso comum, que está ligado de uma certa forma ao saber popular. Para Gramsci, "o senso comum é a filosofia dos não filósofos". Ou seja, uma concepção do mundo que se apresenta como acrítica, em vários dos ambientes sociais e culturais em que se desenvolve a individualidade do homem médio, do "homem que pertence às massas". Eu diria que Gramsci contrapõe uma filosofia dos não filósofos à dos filósofos. Mas ele acrescenta um aspecto importantíssimo: "Esta filosofia do não filósofo, que é um filósofo que se ignora." Este não filósofo é também filósofo, só que ele se ignora como filósofo. Ele detém um conhecimento empírico de atuação sobre a realidade, expresso por meio desta linguagem a que você se refere: através da política, da música, através das relações com as pessoas, dos costumes etc. Penso que esse filósofo que se ignora a si mesmo é um homem que sente e "conhece" profundamente sua própria realidade. Nesse sentido, a filosofia do filósofo que ignora essa filosofia do não filósofo se distancia da realidade e cria uma realidade própria, independentemente de uma realidade global em que as massas desempenham um papel importante. O intelectual, o filósofo que quer se unir às massas, deve se apropriar desse conhecimento do senso comum, desse conhecimento do não filósofo, que é um filósofo que se ignora, para então fazer com que seu conhecimento se enriqueça, que sua filosofia adquira um sentido na transformação da vida e da sociedade.

Dessa forma se dá a união entre teoria e prática. Essa compreensão científica do mundo, essa compreensão coerente e unitária do mundo, que é o rigor do pensamento filosófico, deve adquirir (e somente adquire) sentido quando se preenche com esse outro conhecimento, porque esse outro conhecimento é o elemento outro, é o não Eu, é o Outro, que vai transformar a totalidade do mundo.

Separadas, são realidades independentes; unidas, são realidades em que a totalidade se manifesta através dessa união. A união entre o saber e o senso comum é fundamental para qualquer concepção de luta política, de educação, de processo educativo.

PAULO: Agora, Antonio, num parêntese rápido (em seguida tu voltas ao teu raciocínio), gostaria de fazer alguns comentários sobre os riscos que corremos, os intelectuais, quando temos uma visão segundo a qual esses dois mundos se contrapõem. Toda vez que a nossa visão é uma visão contraponente desses mundos, cedo ou tarde temos de fazer uma opção por um dos dois. Mas, ao fazer a opção por um deles, decretamos a negação do outro. O primeiro risco a correr é o de, apesar de nosso discurso ser em favor das massas populares, nossa prática continuar elitista. Na nossa opção pelo mundo de cá, a opção pelo mundo popular é apenas verbal. Rompemos, contrapomos os dois mundos, as duas filosofias. Por isso mesmo, então, decretamos que o nosso mundo é que é o mundo melhor. É o mundo da rigorosidade. Essa rigorosidade tem que ser superposta e imposta ao outro mundo. O outro risco da visão contraponente é o risco do basismo, que conhecemos muito também. É o risco segundo o qual existe uma negação completa do primeiro, da rigorosidade, portanto nada que é científico presta. A academia é depreciada, toda rigorosidade é teoria abstrata e pouco útil, é puro intelectualismo blablablante. A única verdade afinal está no sentido comum, na base popular, a única verdade está nas massas populares. Então é com elas que devemos ficar. É interessante também observar como, na primeira posição contraponente, há uma ênfase extraordinária na teoria. São as leituras teóricas que na verdade formam. Na segunda postura contraponente, o que vale é a prática. Somente a prática, somente a participação concreta nas áreas populares, até, às vezes, com falsificações de linguagem que a própria massa popular rejeita.

Nem elitismo nem basismo. Um não é o contrário positivo do outro. Quer dizer, não é o elitismo que se deve contrapor ao basismo nem o basismo ao elitismo. Porque não sou elitista, não vou ser basista; porque não sou basista, não vou ser elitista. A minha posição é a da comunhão entre o senso comum e a rigorosidade. Quer dizer, a minha posição é a de que toda rigorosidade conheceu um momento de ingenuidade. E não há nenhuma rigorosidade que esteja estabilizada enquanto tal por decreto. O que é absolutamente rigoroso hoje, pode já não ser amanhã, e vice-versa. Por outro lado, partindo de que é necessário que as massas populares se apropriem da Teoria, fazendo-a sua também, este processo não pode realizar-se senão a partir do próprio pensamento ingênuo. É dele que se tem de proceder, para superá-lo. É preciso, como dizias, que a rigorosidade não recuse a ingenuidade, no esforço de ir além dela. É neste sentido que falo de uma virtude ou qualidade fundamental ao educador-político e ao político-educador na perspectiva que defendemos. A virtude de assumir a ingenuidade do outro para com ele ultrapassá-la. A assunção da ingenuidade do outro implica também a assunção de sua criticidade. No caso das massas populares, elas não são apenas ingênuas. Pelo contrário, são críticas também e sua criticidade está na raiz de sua convivência com a dramaticidade de sua cotidianeidade. O que ocorre, às vezes, é que as massas populares oprimidas, por *n* razões, ficam no âmbito da sensibilidade do fato, deixando de alcançar a razão de ser que explica mais rigorosamente o fato. Não será com a pura superposição de uma explicação teórica estranha a elas que resolveremos este problema do conhecimento.

Antonio: Concordo plenamente com sua análise, Paulo. E ainda mais: acredito que essa separação entre saber popular e saber científico, entre senso comum, ou filosofia dos não filósofos, e a filosofia como tal, entre o sentir e o compreender, entre a doxa e a episteme, é um problema da teoria do conhecimento que remonta aos filósofos antigos, como Aristóteles ou Platão, ou até mesmo aos filósofos naturalistas gregos. Trata-se de uma separação que a ciência social moderna deve superar, enquanto ciência da globalidade social. É fundamental para uma ciência da globalidade não separar a sociedade global em dois mundos: o mundo da episteme e o da doxa, o mundo da filosofia e o do saber popular, como que negando-se um ao outro, antagônicos. Se é uma ciência da globalidade, deve ser da globalidade, isto é, dos dois mundos, e procurar uni-los através da prática e da teoria. Em termos atuais, equivaleria a superar a separação entre a teoria e a prática, entre o rigor e a ingenuidade. Assim, concordo com você em que somente uma união desses dois elementos, uma ruptura portanto da separação que remonta ao princípio do conhecimento filosófico, é fundamental para qualquer compreensão profunda da realidade e para que essa compreensão possa resultar numa transformação da realidade. Porque nem a ingenuidade, nem a espontaneidade, nem o rigor científico vão transformar a realidade. A transformação da realidade implica a união desses dois saberes, para alcançar um saber superior que é o verdadeiro saber que pode transformar-se em ação e em transformação da realidade. A separação de ambos é a eliminação de toda possibilidade de compreensão da globalidade e de transformação da globalidade. O grande desafio que enfrentamos como intelectuais é escapar à nossa concepção de que saber científico é igual a poder e escapar ao nosso autoritarismo ao impor às massas "este é o caminho", ou simplesmente renunciar a isso, porque o caminho não está aí, e escapar também a esta outra posição: vamos às massas, esqueçamo-nos da ciência e da teoria e adotemos um pragmatismo, um empirismo que possa nos aproximar das massas. Esse último caminho nos deixará nesse espontaneísmo das massas, sem poder para transformar a realidade na medida em que não utilizamos esses dois elementos fundamentais. Este é um desafio aos intelectuais, principalmente latino-americanos.

PAULO: Claro, tu tocaste aí em algo que me parece de grande importância. Refiro-me à tua crítica às posições espontaneístas, que, na verdade, até hoje na história jamais deixaram de ajudar a direita. Todo espontaneísmo trabalha sempre contra os interesses populares.

Me parece necessário, ao considerar novamente o espontaneísmo, mesmo correndo o risco de me tornar reiterativo, voltar a insistir na necessidade que temos, numa posição de esquerda coerente, de, recusando a prática espontaneísta, jamais cair na autoritária, elitista. Na verdade, o autoritarismo não é o contrário positivo do espontaneísmo, como este não o é daquele.

Assim como não posso tornar-me basista só porque não sou elitista e vice-versa, não posso ser autoritário só porque não sou espontaneísta.

O autoritarismo e a manipulação das classes populares não são o remédio para a enfermidade do espontaneísmo. O combate a ele, como ao autoritarismo, exige uma visão correta da unidade dialética entre prática e teoria, uma compreensão mais rigorosa da realidade, do papel da subjetividade no processo de sua transformação, o respeito às classes populares como produtoras e portadoras de conhecimentos. A negação do espontaneísmo está na comunhão com elas e não na posição pouco humilde a partir da qual, não raro, se lhes pretende impor uma sabedoria já montada, sem a qual não se salvariam...

No fundo, a forma autoritária de combater o espontaneísmo nega a transformação revolucionária.

Quando te referiste ao espontaneísmo momentos atrás, não pude conter em mim o desejo de juntar este pé de página a teu discurso, e que dirijo sobretudo a um sem--número de jovens latino-americanos que farão muito bem em recusar o espontaneísmo, desde que recusem também o autoritarismo.

Antonio: Concordo plenamente com as análises que fizemos até o momento, Paulo. Mas eu ainda formularia uma questão, para aprofundar ainda mais o problema, essencial à luta política e pedagógica na América Latina, que é o continente que mais conhecemos, ou talvez o que menos conheçamos... *(risos)* A questão é a seguinte: se há uma ciência social cujo fim é não só descrever a sociedade, mas fornecer os elementos que impulsionariam a transformação dessa sociedade; se há, pois, esse conhecimento que não é apenas descritivo, mas que orienta toda a ação para a transformação social, o problema está, portanto, em como fazer esse conhecimento científico que orienta a ação coincidir com o conhecimento popular, não coerente, cheio de elementos das ideologias dominantes e de resistência a essas ideologias, conhecimento empírico, conhecimento de ação, antes que de teoria, mas sem que lhe falte a teoria, apenas que é uma teoria incoerente. Há nesse conhecimento respostas prático-teóricas que não mantêm coerência entre si mesmas, um conhecimento que é um universo mais de problemas que de respostas.

Como unir esses dois elementos, como dar unidade a esse conjunto de problemas e de respostas-ação que se colocam à ação cotidiana das massas e essa ciência descritiva e orientadora de uma transformação revolucionária? Como poderíamos compreender ainda mais essa dicotomia e chegar à necessária superação da dicotomia? Como o científico enquanto tal tem de ser preenchido pelo não científico para que se transforme realmente em algo científico?

Eu diria que estamos em busca da resposta a essa e a outras questões. Tudo o que estamos perfazendo nesse nosso diálogo são perguntas e buscas de respostas.

Penso que Aristóteles tinha razão em dizer que a ciência só é ciência do particular e não do geral. Em que sentido? A ciência são respostas abstratas para a compreensão de uma realidade e, no sentido social atual, não só para a compreensão de uma realidade, mas para sua transformação. E essa ciência se expressa por meio de conceitos abstratos, de categorias. No meu entender, constitui um erro considerar que, aplicando os conceitos e as categorias à realidade, esta realidade irá se transformar. A realidade tem de ler criativamente esses conceitos, que não são e jamais serão absolutos. Dá-los como absolutos e considerar a ciência como algo já concluído e absoluto poderá nos levar a acreditar na força autônoma da ciência no processo de transformação. Não é, portanto, suficiente aplicar os conceitos e categorias à realidade para que ela se transforme, como o tem demonstrado a história. Cabe-nos perguntar por que essa conceituação e essas categorias aplicadas à realidade não têm transformado a realidade.

Há uma tendência a se considerar a ciência como a-histórica. No entanto, a ciência tem de estar em constante transformação: por ser ciência, é preciso que esse saber se transforme. Como a realidade se transforma de maneira permanente e objetiva e independentemente da vontade dos homens, deve então estar sempre presente em nós o fato de que essa ciência seja incapaz de transformar sozinha a realidade.

Por que essa conceituação e esse conhecimento abstrato são incapazes de transformar a realidade?

Uma possível resposta está em que todas essas conceituações devem ser lidas com base em uma realidade concreta. Não se deve partir do conceito para entender a realidade, mas sim partir da realidade para, através do conceito, compreender a realidade. Mas, nesse processo de realidade-conceito-realidade, conforme defende Kosik, o conceito deve ser considerado como mediação para compreender a realidade. Este conceito não pode ser considerado como absoluto não transformável.

Deve-se partir da realidade, utilizar o conceito como mediador para retornar à realidade; e, nesse ciclo de realidade-conceito-realidade, o conceito pode e deve ser transformado se é incapaz de nos entregar a realidade tal qual ela se nos mostra em seu parecer e em seu ser, em sua fenomenalidade e em sua essencialidade. E, nesse sentido, Gramsci nos deu um grande exemplo, esquecido por muitos dos latino-americanos: ao aplicar o marxismo para compreender e transformar a realidade italiana, ele traduzia o marxismo, isto é, lia o marxismo através da realidade italiana. Ser não dogmático, ser um antidogmático, esta a razão pela qual ele propõe novas conceituações: provoca um avanço nas ciências sociais na medida em que parte de sua realidade concreta e na medida em que sua preocupação fundamental não é o conceito, mas a realidade. O conceito não é senão um meio, nunca um fim.

A nós, latino-americanos, o que deve importar é a realidade. E como ela se expressa? Expressa-se fundamentalmente através das massas que vivem cotidianamente de uma forma diversa da que nós pensávamos, do que o conceito nos mostra. Devemos partir da realidade, empregar o conceito para retornar a essa realidade. Mas esse conceito tem de ser científico, ser relativo; deve nos permitir colher a criatividade da realidade — que a realidade exija a transformação do conceito e não o conceito exija a transformação da realidade.

PAULO: Exato, observo como a nossa formação acadêmica nos leva constantemente, com exceções, é claro, a um certo gosto da descrição ou da perfilhação dos conceitos e não da apreensão do concreto, e o fazemos às vezes com a habilidade de esgrimistas.

Aí temos uma diferença enorme entre nós e as classes populares que, de modo geral, descrevem o concreto. Se perguntarmos a um favelado o que é uma favela, é quase certo que responda: "na favela não temos água." A sua descrição é a do concreto não a do conceito. Um de nós talvez dissesse: "a favela é uma situação sociopatológica..." Por isso também, como tenho salientado em outras oportunidades, a linguagem das classes populares é tão concreta quão concreta é a sua vida mesma. No fundo, tudo isso tem que ver com a análise que fazias em torno da solidariedade entre realidade-conceito-realidade.

Em certo momento do processo em que o conceito deve mediar a compreensão da realidade, nos distanciamos de tal maneira do concreto que o conceito se esvazia. É como se, em certo instante, favela fosse apenas o conceito, já não a dramática situação concreta que não consigo alcançar. Vivo, então, a ruptura entre a realidade e o conceito que devia mediar a sua compreensão. Assim, em lugar de entender a mediação do conceito na compreensão do concreto, ficamos no conceito, perdidos na sua pura descrição. Pior ainda, terminamos por imobilizar o conceito, fazendo-o estático.

ANTONIO: Em resumo, Paulo, a verdadeira ciência é a que, partindo do concreto e mediada pelo conceito, retorna ao concreto. E este é um ciclo permanente. No entanto, a ciência, tal qual os intelectuais a entendem atualmente e tal qual é ensinada nas universidades, consiste em partir do conceito, retornar ao concreto e em seguida regressar novamente ao conceito. É um outro ciclo, embora também permanente; não podemos dizer simplesmente que, quando a ciência se ocupa apenas do conceito, não tenha uma intencionalidade do concreto. O concreto também constitui seu problema, mas é o concreto que aparece como mediador para o conceito. Tem-se então a inversão do processo de conhecimento, para retornar ao conceito; nesse processo, o concreto aparece como elemento-ponte entre os conceitos. Nesse sentido, você está certo em afirmar que não devemos ficar no conceito. Erroneamente se considera a vida do conceito como a realidade, em lugar da vida do concreto, que é para nós a verdadeira realidade e inclui o conceito. Isto significa uma revolução, pois se trata de uma nova concepção da ciência como mediadora para a compreensão e transformação da realidade.

Como forma de continuar a nossa análise, eu proporia a leitura de um pequeno trecho de um trabalho a que chamei "Tesis sobre Gramsci", publicado no Brasil na revista *Comunicação e Sociedade*. Esse trabalho foi resultado de um convite que me fez o Seminário "Dependência e Literatura na América Latina", realizado na Escola de Altos Estudos em Ciências Sociais, de Paris. Quando meus colegas de seminário me pediram que fizesse uma exposição sobre o conceito de "intelectual" na obra de Gramsci, pensei que esse conceito não poderia estar separado de uma concepção global do pensamento de Gramsci. Para Gramsci, não é um elemento isolado de toda uma concepção da sociedade e da ciência da sociedade. De modo que, em minha tese, o conceito de intelectual estava inserido numa série de problemas que Gramsci pretendia compreender. Parti de uma frase sua que considero notável: "As ideias são grandes apenas quando podem ser atuáveis", ou seja, quando podem se transformar em ações. Eu diria que a necessidade gramsciana de compreender a realidade italiana era fundamental para utilizar e criar novas ideias. E, para ele, as ideias tinham sentido quando podiam concretizar-se em ações para a transformação dessa realidade.

Lerei então essas minhas notas como um resumo e um não resumo do que estamos analisando.

A necessidade metodológica e revolucionária que Gramsci tinha em compreender e transformar a história não se dividia, segundo ele, em categorias teóricas e realidade material, como dois polos distantes um do outro, ou como dois elementos autônomos; pelo contrário, estavam numa interação profunda e inseparável, na qual as categorias ou os conceitos e a realidade não são senão uma mesma realidade. Uma realidade que está em movimento, que é um devir, se apresenta em transformação permanente.

Essa concepção nos leva a compreender que as categorias e os conceitos não são estáticos. Nem em quantidade, nem em conteúdo. E que o método não deve ser um conjunto de dogmas imutáveis, conquistado para a eternidade. Se a totalidade é histórica, as categorias, os conceitos e a teoria em geral serão históricos.

Para ele, a filosofia da prática é ela mesma história. Esta é uma concepção do mundo em constante desenvolvimento. Como respostas a realidades multifacetárias, diferentes, variadas, da qual faz parte. Não é, então, difícil compreender sua necessidade de criar e recriar o marxismo no estudo da realidade social italiana, processo teórico-prático que

Gramsci expressava numa fórmula feliz, *traduzir*, traduzir o marxismo para o italiano. Traduzir o marxismo para a realidade do seu país, recriá-lo permanentemente como resultado e como processo, desenvolvimento natural do trabalho teórico-prático, um enriquecimento da teoria e da prática revolucionária.

Assim, torna-se fácil compreender por que Gramsci foi um antidogmático profundo e inflexível, posição que não só constituiu uma premissa de seu trabalho, mas também um resultado permanente no processo do conhecimento teórico-prático, e por isso mesmo — mais que resultado — processo. Profundamente antidogmático, profundamente nacional e profundamente intelectual, um novo intelectual, preocupado em criar uma nova sociedade, devotado à realização de uma reforma intelectual e moral necessária à transformação revolucionária de seu país.

Seu caminho era ascender do particular ao universal, porque, segundo ele, essa era a única via de acesso ao universal. Seu problema essencial foi compreender e transformar a Itália, sua pátria. A compreensão e a transformação da sociedade italiana deveriam servir como ponto de referência para possíveis respostas revolucionárias em outros países, exigindo que elas fossem originais e criativas. Assim, mantendo-se profundamente nacional, pensava alcançar o universal. Isto, como ressaltava Gramsci, era o que exigiam Goethe e Dostoiévski — ser profundamente nacional para ser universal. Consciente de que cada sociedade tem suas características próprias e essenciais, as quais seria preciso compreender como parte de sua transformação, Gramsci lutava em sua época contra o cosmopolitismo, insistindo na necessidade de ser antes de mais nada nacional, para ser antes de tudo universal.

Essas características que analisamos nos parecem sérias lições para nós, intelectuais latino-americanos.

PAULO: Me parece realmente interessante o texto que acabas de ler. Nele te referes a alguns núcleos do pensamento gramsciano, dentre os quais o do papel do intelectual, e sublinhas a importância de uma compreensão crítica deste papel para os intelectuais latino-americanos.

De pleno acordo contigo, independentemente inclusive de se, ao pensarmos esta questão, estamos ou não seguindo à risca a reflexão indiscutivelmente valorosa de Gramsci.

Na verdade, pensar sobre o intelectual e o seu papel, sua prática inserida numa prática maior, a social, nos leva necessariamente a refletir sobre o seu sonho, que é político. Que sonho é este que sua opção aponta? Que perfil de sociedade tem ele e para cuja realização se encontra empenhado? O que fazer para a realização do sonho se coloca à medida que o desenho do sonho vai sendo referido às circunstâncias históricas do contexto em que se acham as condições objetivas e subjetivas em dialéticas e não mecânicas relações umas com as outras. O que fazer para a realização do sonho, por sua vez, começa a exigir, no meu entender, a encarnação de virtudes ou qualidades que o intelectual tem de viver no sentido de aproximar ao máximo o seu discurso de sua prática. É a busca, no fundo, de um nível razoável de coerência entre o que diz e o que faz. Na apreciação da contradição às vezes gritante entre a expressão verbal do sonho do intelectual e a sua prática para alcançá-lo, a prevalência está na prática e não no discurso do intelectual.

Uma condição fundamental, na discussão do papel do intelectual com relação a seu sonho, é que o seu seja um sonho possível de ser realizado e que sua realização a perseguir o seja nas concretas condições em que se acha. Afinal, não se realiza o sonho a partir dele, em si, mas do concreto em que se está. Para isso, é preciso compreender o presente não apenas como presente de limitações, mas também de possibilidades. É preciso, pois, compreender o sonho como possível e como precisando de ser viabilizado e não como algo pré-dado. A realidade histórico-social é um dado dando-se e não um dado dado, como várias vezes, em outras oportunidades, tenho dito ou escrito.

Entre um sem-número de perguntas — mais uma vez as perguntas — que me tenho de fazer sempre e sempre, no e para o cumprimento de minha tarefa, não entendida como algo puramente individual, uma pergunta será: com quem realizo o sonho? Se, ao perguntar com quem realizo o sonho, me recuso a compreender a significação mais profunda do *com quem*, apareceria, no meu discurso, apenas que fico, no máximo, ao nível do *para quem* realizo o sonho. E realizar ou buscar realizar o sonho em tais condições é atuar *sobre* e não *com* as classes populares. Neste caso, quer dizer, se trabalho *sobre* e não *com* as classes populares, *contradigo* o discurso revolucionário em torno da criação de uma sociedade justa. As classes trabalhadoras, em lugar de consideradas como agentes da concretização do sonho, como sujeitos também da história, passam a ser, na melhor das hipóteses, beneficiárias da realização do sonho. E isto não basta. Dessa forma, não importa a veemência com que discurso, não importa o que anuncie, se trabalho simplesmente *para* as classes populares e não *com* elas, me torno cada vez mais um elitista. Começo a admitir que o sonho deva ser realizado por quadros especializados, competentes, dadivosos, heroicos, cuja tarefa — já que não podem fazer a transformação sozinhos — seja orientar as massas até que, no momento aprazado, se faça a transformação. Desta forma, o sonho é *ofertado* às classes populares, às classes trabalhadoras, de cuja realização não participam como sujeitos.

Esta não é, em verdade, a minha perspectiva. Quando pergunto com quem realizar o sonho, respondo: com as classes sociais dominadas, com as massas populares e com aqueles e aquelas que, mesmo tendo uma posição de classe diferente da do operário, tentam fazer, na expressão de Amílcar Cabral, o seu "suicídio de classe".

Daí que os intelectuais que aderem a esse sonho tenham de selá-lo na passagem que devem realizar ao universo do povo. No fundo, têm de viver com ele uma comunhão em que, sem dúvida, terão muito o que ensinar se, porém, com humildade e não por tática, aprenderem a renascer como um intelectual *ficando-novo*. Quanto mais o intelectual se exponha a este aprendizado através do qual vai virando um novo intelectual, tanto mais percebe que o ponto de partida para a transformação da sociedade não está própria e exclusivamente no seu sonho, não está na sua compreensão da história, mas na compreensão das classes populares. É a partir daí, molhando-se das águas culturais e históricas, das aspirações, das dúvidas, dos anseios, dos medos das classes populares que, organicamente, vai inventando com elas caminhos verdadeiros de ação, distanciando-se cada vez mais dos descaminhos da arrogância e do autoritarismo.

Sem renunciar a sua experiência de intelectual, o conhecimento sistemático dela advindo, pelo contrário, junta àquela experiência o saber das massas. Aprendendo a mobilizá-las mobilizando-as e mobilizando-se na mobilização que faz, aprendendo a organizar-se organizando-se e organizando, aprende a reconhecer a importância de seu papel sem superestimá-lo nem tampouco subestimá-lo. Nem superestimar, nem subestimar o seu papel implica a verdadeira humildade que o intelectual deve experimentar na luta com as classes trabalhadoras em favor da transformação da sociedade. Se, de um lado, não posso exigir nenhuma posição de privilégio na luta política simplesmente porque conheço a sintaxe de concordância do predicado com o sujeito ou porque sou professor universitário, de outro, não tenho por que me punir somente porque o sou. Não aceito nem uma nem outra destas posições. Reivindico um papel nesta luta ao lado das classes trabalhadoras, mesmo porque estou convencido de que o meu papel como intelectual só se solidifica, se robustece, só tem sentido na medida em que este papel se cumpre *com* as classes trabalhadoras e não *para* elas, pior ainda, *sobre* elas.

Me parece que o que disse ou venho dizendo tem a ver com uma observação que li há muito tempo, em Mao, quando, referindo-se a certos desencontros, certos desvios de intelectuais, afirmava que somente na comunhão ou na comunicação com as massas populares, na práxis, era possível superá-los.

Não posso compreender um intelectual que sonha com a transformação radical da sociedade assumindo o seu papel, qualquer que seja ele, distante das classes populares, prescrevendo-lhes suas receitas, as da liderança.

É claro porém que, se a opção do intelectual é de preservar o sistema capitalista, através de meros e oportunos reparos, sua coerência estará exatamente em ficar sempre *sobre*, dando a impressão de estar *para* as classes populares. O seu papel será o de aperfeiçoar os mecanismos de reprodução da ideologia dominante.

ANTONIO: A análise que você propõe para o papel do intelectual — desse novo intelectual, voltado para a realidade social, para a realidade política, num momento em que se torna imperioso o desafio histórico de transformar essa sociedade injusta e autoritária — parte de um aspecto essencial: o problema do sonho possível, o problema da sociedade a que aspiramos. Mas penso que deveria ir mais longe nessa concepção do sonho possível. Essa análise deveria abranger o problema da origem desse sonho, de seu ponto de emergência. Porque um intelectual pode propor-se individualmente um sonho possível e, depois, propô-lo individualmente às massas. Teríamos assim uma origem individual do sonho possível.

Essa análise deveria colocar-se o seguinte problema: com quem conseguimos realizar o sonho possível, com quem conseguimos transformar essa realidade em uma nova realidade, justa e solidária? Mas aí poderíamos cair no perigo de que o intelectual...

PAULO: ...fosse o criador do sonho. Mas não é isto o que defendo.

ANTONIO: Fosse o criador do sonho. Nesse sentido, esse sonho possível se transformaria num modelo de sociedade já dado.

Tudo isso que criticamos com relação aos conceitos se transformaria num conceito, numa categoria que teria de alcançar essa sociedade nova a partir da utilização das massas, das necessidades das massas em transformar essa sociedade.

O papel do intelectual é construir esse sonho possível junto às massas, descobrindo essas resistências culturais das massas, que em última instância são vislumbres de uma nova sociedade, são vislumbres de sonhos possíveis. Portanto, a origem desse sonho possível deve estar ligada a uma participação fundamental das massas para que construa na teoria e na prática o sonho possível.

Agora, essa participação não significa uma não participação do intelectual.

Pelo contrário, o intelectual não deve cair nesta dicotomia: eu construo o meu sonho, então caio num erro teórico e prático fundamental e transformo meus desejos nos desejos das massas. Ou, então, ingenuamente colocar-se que as massas têm de construir elas mesmas seus sonhos possíveis, sem que eu participe, dando-se uma separação em nossa participação. Ou minha participação, ou a das massas, exclusivas.

Penso que o intelectual deva inserir-se, tomar parte ativa na participação das massas, e as massas tomarem parte ativa na participação do intelectual, para irem construindo juntos esse sonho possível e realizável, porque é a única maneira de responder às exigências que as massas se propõem.

Esse sonho possível jamais será um sonho possível fixo, será um sonho possível que irá se transformando, irá se criando e recriando de maneira permanente, à medida que as massas considerem que esse sonho possível se lhes escapa para assim estabelecer um novo sonho possível. Entendo que, no fundo, a história é colocar-se sonhos possíveis, é lutar por alcançar esses sonhos possíveis. No fundo, Paulo, é o mito de Sísifo: é saber que nenhum sonho possível será alcançado de maneira absoluta. Mas temos, por razões históricas, de criar sonhos possíveis. A vida humana é, entre outras coisas, a criação de sonhos possíveis, a luta por realizar, cristalizar esses sonhos possíveis, recriar novos sonhos possíveis à medida que esse sonho possível de alguma forma escape a sua realização absoluta. Assim, a origem do sonho possível é fundamental para determinar como esse novo intelectual deve participar; não deve, então, participar da realização do sonho, mas da *origem do sonho*.

PAULO: Da origem, claro.

ANTONIO: Da origem do sonho possível.

Em uma entrevista que dei em São Tomé e Príncipe, sobre a construção de uma nova sociedade, afirmei que "a revolução não tem modelo", todo processo revolucionário é um processo de criação.

PAULO: De qualquer maneira, porém, me parece incontestável que, na constituição ou na gestação do sonho possível, por cuja realização nos batemos, já tenhamos um mínimo de perfil do sonho. Por outro lado, o sonho só será possível na medida em que repouse numa compreensão rigorosa do presente que, em sendo profundamente modificado, viabiliza a concretização do sonho.

O sonho é sonho porque, realisticamente ancorado no presente concreto, aponta o futuro, que só se constitui na e pela transformação do presente.

Creio, por isso mesmo, que uma das tarefas primordiais dos partidos populares, mas não populistas, é inventar caminhos no sentido de, ao mesmo tempo que desvelem os mecanismos de funcionamento da sociedade opressora a ser transformada, falem às classes trabalhadoras do seu sonho ou de aspectos centrais dele. Para mim, a questão principal é saber até que ponto os partidos populares e não populistas e, dentro deles, os intelectuais *ficando-novos*, são capazes de experimentar-se com as classes trabalhadoras de forma substantivamente democrática. Se são capazes de reorientar-se com relação a seu próprio sonho no aprendizado que façam com as massas populares.

Pensando sobre a questão do sonho e desse mínimo de perfil do sonho a que me referi, me lembro da reflexão de Marx, no *Capital*, quando, no capítulo sobre o processo do trabalho, compara o quefazer da abelha ao do operário, salientando como o da abelha "poderia envergonhar, por sua perfeição, a mais de um mestre de obras". Porém, diz Marx, há algo em que o pior mestre de obras se avantaja à melhor abelha: é o fato de que, "antes de executar a construção, a projeta em seu cérebro".[6]

Me parece que, mesmo reconhecendo a diferença entre projetar uma mesa e projetar uma sociedade, a recriação de uma sociedade demanda o sonho que a antecipa de certa forma. O problema é saber se o sonho está fora da história, se ele está simplesmente dentro da cabeça do intelectual ou, ainda, o problema é saber se as classes trabalhadoras têm ou não um papel fundamental na elaboração e na materialização do sonho — o de reinventar a sociedade.

A não ser assim, tens razão, cairemos no risco de, mais uma vez, ver as classes trabalhadoras a serviço dos sonhos dos intelectuais.

---

[6] Karl Marx, *El Capital*. México: Fondo de Cultura Económica, 1946, v. I, p. 130.

A responsabilidade político-pedagógica desse intelectual ficando-novo deve levá-lo à procura constante, com os grupos populares, através de *n* meios, de uma certa clareza com relação ao projeto. É a partir desta clareza que se vai fazendo possível descobrir caminhos de realização do projeto, bem como os próprios materiais para "construção", que são também históricos. Por isso é que as sociedades A e B não se renovam, não se recriam, não se refazem necessariamente adotando os mesmos métodos de trabalho que outras usaram, os caminhos de combate ou de luta. Acho que o que existe mesmo universalmente é a luta, é o conflito de classe, com diferenças, porém, de contexto a contexto, na forma como se dá. E a forma como se dá e se expressa o conflito de classe orienta a ação político-educativa que procura viabilizar o sonho. Estas formas de ação política não podem, porém, ser decretadas nem impostas, nem transplantadas, nem importadas. Têm de ser historicamente inventadas e reinventadas. Daí, Antonio, que aponte nesta reflexão em torno do intelectual ficando-novo mais algumas qualidades indispensáveis a seu trabalho com as classes populares. Qualidades, repita-se, que são criadas na prática mesma com elas. A imaginação criadora do intelectual é uma delas. No fundo, ele deve expor-se à marcante capacidade imaginativa das massas, com o que se ajudará a desenvolver a sua. As massas populares, porém, não são imaginativas porque têm uma vocação especial para isso. Elas se tornam imaginativas em função da necessidade que têm de sobreviver, enfrentando condições negativas demasiado intensas. Em tais condições, os apelos à imaginação se fazem grandes e constantes. As facilidades de que dispomos às vezes trabalham contra nossa capacidade imaginativa. A outra qualidade que acho fundamental, com relação a essa prática político-pedagógica do intelectual com as massas, e a que já fizemos referência, é exatamente a da sensibilidade histórica. Quer dizer, essa capacidade de prever, de antever, quase de adivinhar, que aprendemos com a prática também, se estamos abertos a este aprendizado.

Antonio: Voltando à análise que fazíamos, eu diria que todo processo revolucionário não pode ter modelos fixos de sociedade. E, sem dúvida, quando você lembra o exemplo da ideia de Marx, nessa comparação da abelha com o operário, não devemos esquecer que Marx não analisa a origem da ideia. Afinal, ele não precisava analisá-la, ele o fizera através de toda sua obra.

Paulo: Estou totalmente de acordo.

Antonio: A ideia é uma ideia histórica. É um produto da ação e da teoria humana na história.

Paulo: Claro.

Antonio: Nem a ideia, nem o conceito, nem a categoria devem ser fixos. Parece-me importante insistir nesse ponto. Uma coisa é a ideia, que dirige a nossa ação; outra coisa é o resultado de nossa ação. E nem sempre a ideia coincide com o resultado. No fundo, o resultado não é senão uma expressão da ideia junto à ação humana: o resultado mostra concretamente que não é necessariamente o resultado da ideia, ou seja, o resultado da ideia absoluta. Este é sempre diferente da ideia. Há um elemento de diferença fundamental entre a ideia e o resultado da ideia através da ação.

Isto então nos coloca o problema de como o intelectual deve participar e deve estar consciente de que esse sonho possível deve ser construído com base no conhecimento do positivo e do negativo que existe nas sociedades. Porque o grande problema enfrentado pelo intelectual que deseja consciente e voluntariamente participar da transformação da sociedade é, com o povo, construir e lutar por este sonho. E não pode haver dois sonhos, um do povo, outro do intelectual. A ideia de um sonho possível deve nascer da união da teoria e da prática, como viemos insistindo. O intelectual como o povo devem estar conscientes de que a origem e a realização do sonho em ideia deve partir da análise do negativo e do positivo que a sociedade tem em um determinado momento da história. Isto para não cair no equívoco de julgar que um elemento que se dá numa sociedade burguesa não deva aparecer em uma sociedade não burguesa. Ou seja, descobrir que os elementos positivos de uma sociedade burguesa podem estar em uma outra sociedade distinta.

PAULO: Com outra roupagem...

ANTONIO: Com outra caracterização. Mas não se pode negar que esses elementos positivos encontrados numa sociedade injusta e autoritária possam estar numa sociedade mais justa. Ou seja, não se pode partir do dogma de que numa sociedade injusta e autoritária não existam elementos positivos, ou que nas massas não haja elementos negativos.

Penso que o sonho deve se estruturar com base na análise profunda dos elementos negativos e positivos que existem numa sociedade global. Nesse sentido, o conhecimento do negativo permite que se construa essa ideia. É mais fácil definir o sonho possível através do negativo que do positivo, ou seja, ao dizer que essa sociedade não pode ser injusta ou não solidária, a definição dessa ideia se faz através do negativo. Ou, ao menos, o negativo deve ser fundamental na definição dessa ideia. Sem dúvida, também o positivo. Tendo sempre em mente que isto não é nem o negativo absoluto nem o positivo absoluto, nem que estes terão de ser fixos nessa nova sociedade, mas sim que serão transformados na luta por uma nova sociedade.

PAULO: Enquanto falavas agora do sonho possível e chamavas a atenção para a necessidade, na perfilhação do sonho — não sei se estarei traindo-te —, de análises profundas dos elementos negativos e positivos que existem contraditoriamente na sociedade, dizias que, no fundo, numa primeira aproximação, o nosso sonho é o de criar uma sociedade em que uma minoria não explore as maiorias. Criar uma sociedade em que, por exemplo, perguntar seja um ato comum, diário...

ANTONIO: ...em que a participação seja permanente...

PAULO: ...a participação permanente seja uma forma de estar sendo do povo, ao lado da sua responsabilidade social e política.

Enquanto falavas dessas coisas, eu cá me lembrava de uma conversa que tive no Brasil, recentemente, com líderes trabalhadores. O que queremos na verdade, diziam eles, cada um a seu tempo, lucidamente, é uma sociedade justa, no mínimo, em seus começos, menos injusta. Uma sociedade socialista. Mas o que não aceitamos, diziam também, é um esquema preestabelecido a ser aplicado em cima de nós. Exigimos a nossa presença participante desde o primeiro momento das discussões em torno do estilo da sociedade que precisamos criar juntos, bem como exigimos a continuidade de nossa participação ao longo do processo de refazer a sociedade. Processo que não para, que é algo que se move, como se move a história, dizia um dos líderes.

Este nível de consciência política, de consciência de classe, revelado hoje por largos setores das classes trabalhadoras brasileiras, é altamente significativo. Exige uma necessária mudança de qualidade na luta pela transformação da sociedade. Por outro lado, resulta do aprendizado que as classes trabalhadoras vêm fazendo através de sua luta nas fábricas, nos sindicatos, nos bairros, nos movimentos sociais.

O lamentável é certas respostas autoritárias a este ímpeto de autonomia dos trabalhadores que veem nele a expressão de puro populismo, de mero espontaneísmo ou de exclusivo reformismo antirrevolucionário.

Obviamente, a minha posição coincide com a tua análise que, por sua vez, tem que ver com as colocações feitas por essa liderança operária brasileira. Estou convencido, Antonio — e gostaria de te ouvir sobre o assunto —, de que estamos vivendo ou enfrentando certos desafios que, neste fim de século, se colocam de maneira enfática. No fundo, são temas históricos que, quase sempre, vêm atravessando os tempos, mas que exigem agora novas formas de encará-los.

Um destes temas é o poder. A questão do poder. Não tenho dúvida de que o problema fundamental que se coloca hoje na luta pela transformação da sociedade não é o da pura tomada do poder, mas o da tomada que se alongue criativamente na reinvenção do poder. É criar um poder novo que não tema ser contestado e que não se enrijeça em nome da defesa da liberdade conquistada que, no fundo, deve ser uma *liberdade conquistando-se*. Indiscutivelmente, este tema não pode ser pensado sem se repensar ao mesmo tempo o tema da democracia ou, como venho chamando, o da substantividade democrática.

Me parece urgente que superemos um sem-número de preconceitos contra a democracia, associada sempre à burguesia. Ao ouvirmos o seu nome, muitos de nós pensam em conservadorismo, exploração burguesa, social-democracia. Eu penso em socialismo. Por que não? Por que inconciliar transformação social profunda, radical, com liberdade? Este é o tema central de ensaio do professor brasileiro Francisco Weffort, a ser publicado ainda este ano.[7]

Acho que as duas reflexões em torno do sonho nos levam ao problema do poder, como também a ele nos levam as reflexões da liderança operária já citada, em que fica muito clara a exigência da participação crítica e permanente das classes populares na realização e desenvolvimento do sonho. Quer dizer, como esse poder se vai gerar ou se vai gerando na criação da sociedade nova.

ANTONIO: Você coloca o problema central da sociedade contemporânea, Paulo, o problema do poder.

Seguindo nossa linha de análise, seria de interesse perguntar o que é o poder, onde ele se encontra e quem o detém.

Sem dúvida, os intelectuais se equivocam ao sustentar que o poder encontra-se apenas no Estado e que, assim, tomar o poder equivaleria a tomar o poder do Estado. Entendo o Estado, tanto a administração e sua força coercitiva como seus aparelhos ideológicos, como o local onde se

---

[7] Este diálogo entre Freire e Faundez se realizou em Genebra em agosto de 1984. O livro do professor Weffort foi publicado posteriormente, no mesmo ano, pela Editora Brasiliense, São Paulo. (N.E.)

distribui o poder. Por isso professores, pedagogos e políticos detêm parte do poder, porque o recebem do Estado.

Há uma hierarquia do poder. O poder se dilui a partir do Estado, e a cada um esse Estado entrega uma parcela de poder, mantendo-se as classes na cúspide do Estado como as detentoras do maior poder: o poder de dar poder. Portanto, identificar poder com Estado e, então, estabelecer que a transformação de uma sociedade tem início com a tomada do poder, nessa identificação Estado-poder, é um erro de natureza epistemológica, política e até emocional. Creio que você tem razão quando afirma que é preciso reinventar o poder. E reinventar o poder, Paulo, é reinventar a luta para alcançar o poder.

PAULO: Claro, totalmente de acordo. Na verdade, a reinvenção do poder implica antes a reinvenção da luta.

ANTONIO: Exatamente! Eu diria que a reinvenção de poder é uma identificação do poder com a luta pelo poder; a construção desse novo poder é então a exigência de uma nova luta pelo poder.

E, então, a identificação Estado-poder não mais pode ser uma identificação que guia a ação de transformação ou de luta pela transformação.

Penso que o poder e a luta pelo poder têm de ser reinventados a partir dessa resistência que integra um poder popular, dessas expressões culturais, políticas e emocionais, linguísticas, semiológicas que as classes populares insurgem contra o poder da dominação. É a partir desse poder, que eu chamaria de primário, que o poder e a luta pelo poder têm de ser reinventados. É a partir da experiência concreta de participação, de luta, de resistência, de senso comum, de bom senso, que, segundo Gramsci, é o elemento positivo no senso comum, o elemento de resistência ao poder que as massas têm para se opor a outro poder. É a partir daí que temos de desenvolver um novo conceito de poder.

A tomada do poder começa a partir desse pequeno e grande poder, porque a partir dele se poderá transformar o poder em um poder do qual participem as massas. Esse poder deve se manifestar em todas as atividades humanas, deve penetrar em toda a atividade das massas e dos intelectuais. É preciso reinventar, insisto, o poder a partir do poder das massas e reinventar, então, a luta pelo poder. Porque, partindo-se dessa concepção, a luta muda por completo. Já não se trata mais de tomar o Estado para transformar a sociedade, mas sim de transformar a sociedade a partir das próprias bases da sociedade, para construir uma nova sociedade, na qual o poder e a luta pelo poder se manifestem de maneira diversa.

O poder começará nas lutas cotidianas, nas ações cotidianas do homem, da mulher, da criança, do professor; em cada uma das profissões ou diferentes ocupações, mudarão as relações humanas, que serão democráticas, contando com a participação de todos. O poder pertencerá a todos, cada qual se apropriará de sua parcela de poder enquanto ser humano, e esse apropriar-se do poder permitirá a construção de uma sociedade em que o poder será de todos e não de alguns poucos.

Se quisermos concretizar essa nova concepção do poder, o fundamental não estará na tomada do Estado, porque não há identificação entre Estado e poder, mas sim na tomada do poder a partir das ações cotidianas no bairro, na fábrica, na escola, em todas as manifestações mais elementares da vida das massas.

E, à medida que esse poder for se gerando dos elementos mais primários da sociedade, a tomada do poder do Estado não será senão resultado da tomada do poder total. E, por isso mesmo, uma diferente concepção do poder e da tomada do poder do Estado não será senão uma transformação do próprio Estado como poder. O Estado se transformará e, se quisermos prosseguir com a terminologia gramsciana, a sociedade civil se apropriará do Estado. Isto é, o Estado será penetrado pela sociedade civil e, então, o poder será um poder do qual todos participarão, tanto no plano individual como no coletivo, segundo os grupos sociais. Em resumo, um Estado no qual o poder seja de todos, para todos, feito por todos e não simplesmente por um grupo de pessoas a determinar qual será a sociedade, a justiça, a solidariedade, a participação ou a cultura.

PAULO: É, me parece importante, Antonio, seguindo as tuas reflexões, juntar outros elementos. Creio ter ficado claro na tua análise, que a reinvenção do poder implica necessariamente também a reinvenção da luta. A reinvenção do poder implica caminhos diferentes de mobilização e de organização populares, métodos, táticas, estratégias. Parece claro, também, que a questão da reinvenção do poder coloca a importância indiscutível dos movimentos populares sociais de hoje.

Me recordo que, nos anos 1970, no Primeiro Mundo e também entre nós, começa a haver uma grande efervescência dos movimentos sociais populares, o da libertação das mulheres, o dos homossexuais, movimentos dos ecologistas, o das "minorias" étnicas, que há muito lutavam, movimentos das assim chamadas minorias que, no fundo, são a grande maioria. Maio de 68 estava, de maneira enfática, no bojo de insatisfações que nos acompanham e desafiam até hoje. *"It's not a question of essence of man"*, diz um dos estudantes de maio de 68 entrevistados por Alfred Willener, *"but of seeking a new organization of society that corresponds to a certain practice. That doesn't mean that we'll reach an ideal social state that is fixed and determined. We will decide to move more and more towards something"*.[8] E eu me lembro de que, nessa época, se dizia, às vezes com uma certa ironia, que eles não tinham sentido nenhum, porque não se constituíam em dimensões da luta de classe. Tu deves te lembrar disto. Essas eram reações que ouvi muito nos anos 1970, na Europa.[9]

O que acontece é que esses movimentos cresceram e ganharam uma importância extraordinária que se prolongará por este fim de século.

Saliente-se também que, enquanto a ditadura brasileira silenciava o país, no seio da Igreja católica brasileira, grupos populares, cada vez em maior quantidade, se reuniam com párocos, freiras e, num momento mais avançado, com bispos de linha profética, para discutir os evangelhos. A impressão que tenho é a de que, em certa fase da repressão mais dura, mais forte, do regime militar, no momento da imposição do silêncio mais pesado sobre o povo todo, reunir-se no

---

[8] Alfred Willener, *The Action: Image of Society on Cultural Politicization*. Londres: Tavistock Publication, 1970, p. 30.
[9] Nessa época, em Genebra, Rosiska e Miguel D'arcy de Oliveira, companheiros com quem iniciamos, Elza e eu, a formação do Instituto de Ação Cultural, IDAC, foram dos primeiros a chamar a atenção para a miopia de uma tal compreensão do fenômeno.

seio da paróquia era quase como voltar ao útero materno para defender-se da agressão do poder despótico. Era ganhar um pouco a sensação da segurança necessária. A defesa em comunhão, na intimidade da igreja, da paróquia, selada pela fé, através da leitura dos evangelhos, terminou por estender-se, por dar origem às comunidades eclesiais de base. No momento em que os grupos populares assumem o papel de sujeitos na leitura dos evangelhos que já não são apenas lidos para eles, a sua leitura se faz necessariamente na ótica dos oprimidos, já não na dos opressores.

É essa leitura dos oprimidos que se juntava a formas de ação, de protesto, de reivindicação, a meu ver, que termina, de um lado, por "converter" muitos sacerdotes e freiras à compreensão e à prática proféticas; de outro, por reforçar em outros a sua opção já clara pelos "pobres". É essa leitura que anima também a Teologia da Libertação desde os seus primeiros passos. É interessante observar como as comunidades eclesiais de base acabam por assumir tarefas eminentemente políticas, sem por isso perder a dimensão de fé em que se constituem, fazendo-se espaços de luta. Só depois do surgimento de outros partidos, além dos dois a que o golpe de Estado havia reduzido a vida partidária brasileira, é que, sem esvaziar-se de sua importância, as comunidades de base diminuíram sua ação nesta área.

Não temo errar ao dizer que, dentro e fora do Brasil, começa-se de forma sublinhada a observar, na década de 1970, o crescente desenvolvimento e a crescente importância destes movimentos sociais, ligados ou não à Igreja. A luta dos ecologistas na Europa, no Japão, nos Estados Unidos; sua interferência direta nas eleições recentes da França e Alemanha; a luta das mulheres organizadas, dos negros, dos homossexuais, tudo isso se constituindo em força e em expressão de poder, dentro do espírito de análise que fazias.

Tenho para mim, hoje, que ou os partidos revolucionários se aproximam desses movimentos, autenticando-se neles — e para isso têm de repensar a sua própria compreensão de partido, ligada à sua prática tradicional —, ou se perdem. Perder-se significa enrijecer-se cada vez mais e, cada vez mais, comportar-se elitista e autoritariamente diante das massas a quem pretendem salvar... Pelo contrário, se o partido popular e não populista se aproxima dos movimentos sociais sem pretender apoderar-se deles, termina por crescer junto com os movimentos que, por sua vez, crescem também.

Mas agora a questão prática que te coloco é a seguinte: como enfrentar, de um ponto de vista muito concreto, na reinvenção do poder através dos movimentos sociais, a rigidez do poder de classe associado ao Estado? Esta pergunta tem que ver com a reinvenção dos métodos de luta, com a reinvenção da luta. É com ela que te devolvo a palavra.

Antonio: Sem dúvida, creio que essa reinvenção da luta, essa reinvenção do poder, essa reinvenção do Estado e da sociedade têm de romper com as posições erradas, anteriores. Creio que essa reinvenção desafia os partidos que não responderam justamente a ela, que não se autocriticaram em função das manifestações históricas que você acaba de mencionar.

O partido continua a considerar-se a vanguarda que irá realizar a transformação da sociedade. Ela terá de tomar o poder político ajudada pelas massas populares, para tomar o Estado e transformar a sociedade a partir dele.

O que propomos é totalmente diverso — a transformação do Estado começa com a luta política e a transformação do poder, enquanto concepção do poder em que há uma identificação Estado-poder. A conquista do poder começa não pelo Estado, como constantemente se afirma, mas a conquista do poder começa com a transformação quer do pequeno ou do grande poder de resistência das massas populares, como eu dizia, o que permite ir gerando e abarcando novos poderes. E essa geração, esse abarcar novos poderes, é a reinvenção do novo poder. E tal reinvenção deve levar necessariamente à reinvenção do Estado e da sociedade.

Retomando a crítica aos partidos políticos, diria que estes se aferram a uma certa concepção da revolução e das ciências sociais, sem considerar que há movimentos históricos que lhes estão exigindo que reinventem seu papel e que reinventem, então, o poder, a luta pelo poder e pela construção de uma nova sociedade. Você tem razão quando diz que os partidos políticos cometem um grave erro se não consideram esses fenômenos sociais como importantes processos históricos que vêm surgindo desde 1970 (eu diria que vêm surgindo desde muito antes, diria que estão latentes na história e se fazem patentes em um determinado momento). Assim, apesar de sua existência concreta e histórica, seriam esquecidas as lutas feministas, que apresentam aspectos positivos e negativos (não podemos ignorar esses antagonismos), as lutas ecologistas e as comunidades de base.

Esse maravilhoso exemplo colocado por você, ao qual eu acrescentaria: esse maravilhoso exemplo que desempenha em meu país a Igreja Católica e as igrejas em geral, não apenas católicas, que, instadas pelo momento histórico, leem de uma outra forma o evangelho. Leem-no teológica e politicamente, isto é, a partir das exigências dos oprimidos, dos injustiçados, dos que sofrem a não participação, a negação de sua participação na construção de seu destino, daqueles que têm o direito de decidir por si próprios qual a sociedade que desejam, de decidir quais são seus verdadeiros problemas e buscar eles próprios a solução desses problemas.

Assim, não compreenderíamos, portanto, que os sindicatos, em um dado momento da história, exerçam um papel político em uma sociedade determinada. Se permanecemos com uma concepção abstrata da luta política (ouvi, na Bolívia, afirmações de que não haverá revolução nesse país enquanto não existir um partido político que dirija a revolução) não compreendemos que, por razões históricas, o movimento sindical na Bolívia assume o papel que lhe impõe a história. Não é o sindicato que se decide por esperar o partido político para lutar por uma sociedade diferente; o sindicato apenas responde a uma exigência histórica e assume o papel que lhe impõe a história. E não pode ser de outra maneira, não se pode pensar que se deva esperar pelo surgimento de uma vanguarda política que determine as lutas das massas populares; estas devem criar suas próprias formas de luta, suas próprias vanguardas.

Penso que, no Chile, no Brasil, na Bolívia e em tantos outros países, ocorre na prática um rompimento com a teoria fixa da revolução, há processos que na ação estão exigindo uma revisão teórica e prática do que significa o poder, o Estado, uma nova sociedade. De tal sorte que acredito que, nessa reinvenção da construção do poder, nessa reinvenção da luta, os partidos políticos estão atrasados na América Latina.

Quando dizemos partidos políticos, dizemos também intelectuais. Isto significa que o intelectual, que é um homem político, que é político por excelência, tampouco evolui com as modernas exigências da história, que na ação rompem com a teoria. E retornamos ao que dizíamos antes: na medida em que nos prendemos a conceitos e categorias fixas e não exigimos que estes sejam transformados, porque assim o exige a realidade, os partidos e os intelectuais irão se manter atrasados na história, sem repensar-se, recriar-se, sem exigir de si mesmos que levem em consideração as novas condições, as novas manifestações de poder popular que aparecem através de todos esses fenômenos históricos a que você se referia, que são expressão de necessidades históricas sentidas por determinadas massas populares.

Penso que todos os movimentos progressistas devem estudar esses fenômenos, devem apropriar-se deles e aprender a dialogar com eles. Têm de aprender ou reaprender a perguntar-se, a se propor perguntas essenciais, porque somente por meio da pergunta essencial vamos encontrar respostas essenciais.

PAULO: Claro, tenho a impressão de que há um elemento a mais que faz parte desse corpo de reflexões que vimos fazendo, com relação ao partido. De modo geral, a própria natureza do partido político sugere que ele pretende *falar em nome de* um certo setor da sociedade.

Acho, Antonio, que a reinvenção do poder tem que ver com a tentativa de diminuição da distância entre o partido que *fala em nome de* e *os setores em nome de que fala*. É preciso, por isso mesmo, que o partido invente múltiplos espaços, múltiplos canais de comunicação nos quais e através dos quais se exponha permanentemente à crítica popular e esteja constantemente sentindo, como as massas populares sentem e compreendem, o momento histórico em que se acham. Será, entre outros procedimentos, diminuindo este espaço, esta distância a que me referi, que o partido aumentará a coerência entre o seu discurso e a sua prática. Será ao reconhecer que já não é possível continuar falando apenas *em nome de* (porque tem mesmo é de falar *com*) que o partido superará um certo tipo de comportamento chamado de realista, segundo o qual se absolve a si mesmo por repetir hoje o que ontem considerou imoral, quando realizado por seu oponente. Só na medida em que estreitar suas relações com o povo, ao qual terá de realmente prestar contas, perceberá que um dia, afinal, será hora de começar um estilo diferente de fazer política. E não se diga que este é um discurso voluntarista ou idealista. Se há condições para a crítica severa, nos discursos de oposição, aos desmandos de uma administração, crítica que o povo aplaude, por que não há condições também para, chegado ao governo, ser coerente com o discurso anterior?

No fundo, a diminuição da distância entre falar *em nome de* e falar *com* tem que ver com a diminuição também da distância entre o discurso do candidato e a ação posterior do eleito.

Antonio: Sem dúvida, a reinvenção do poder passa pela crítica do poder que o partido tem com relação às massas, a crítica das vanguardas com relação ao poder que elas se apropriam das massas, a crítica de que o intelectual, pelo fato de ser intelectual, tem um poder sobre as massas. Portanto, a crítica do poder começa pela própria prática do poder exercido pela vanguarda, pelo intelectual e pelo partido.

Penso que se deva começar a reinvenção a partir da ação mesma sobre o poder que um ser determinado — seja partido, vanguarda, sindicato ou intelectual — tem com relação àqueles sobre os quais exerce o poder, e não só o exerce como dele se apropria, pois o exerce na medida em que dele se apropria. O partido, como você disse, fala em nome das massas, ele se elege como seu representante e sua voz; mas, ao ser a voz das massas, ele se apossa de um poder que lhes pertence; ao falar pelas massas, exerce um poder que elas supostamente lhes entregaram. Creio que, por isso, o problema do poder instaura o problema da participação.

Se um partido se considera, como tradicionalmente o tem feito, a vanguarda, o que detém o saber e conhece o caminho, o que estabelece os métodos, as estratégias, as táticas para se tomar o poder, esse partido tem a mesma concepção de poder da burguesia. Eis por que ele tem de reinventar seu poder — ele não pode ter a mesma concepção de poder formulada pela burguesia; além do que, uma vanguarda, um grupo determinado, não pode pensar em função da grande maioria da sociedade.

O partido tem de propor às massas que exerçam seu próprio poder. O partido deve devolver às massas o poder que lhes pertence, para que elas, de posse desse poder, construam uma concepção e uma ação do poder diferente da atual. Creio, Paulo, que não se trata de um problema apenas do poder com relação aos partidos políticos, isto diz respeito a todo tipo de poder na sociedade: o poder do sindicato com relação à classe operária, ao campesinato, o poder da hierarquia da Igreja, o poder nas escolas, na pedagogia, o poder dos professores que mantêm poder sobre os alunos. Essa concepção nova do poder deve se colocar em todos os níveis e também no nível do poder dentro da instituição familiar.

Quem detém o poder? Como se gera esse poder? É o homem em uma família que determina o poder e estabelece os seus limites quando confere certo poder à mulher, aos filhos. Penso que a nova concepção do poder implica todos esses aspectos. Também a relação de amizade é uma relação de poder. A relação de um intelectual com outro intelectual é uma relação de poder.

PAULO: A relação do psicoterapeuta com o paciente.

ANTONIO: A reinvenção do poder diz respeito à sociedade em todas as suas dimensões e não apenas nessa relação partido político-Estado-sociedade etc. No fundo, criar uma nova sociedade significa criar-se de novo, recriar-se.

Quanto à pergunta que você formulava, Paulo, de como essa reinvenção do poder responde à repressão do poder central existente, eu diria que essa pergunta não possui uma resposta universal. Não existem receitas. Essa resposta tem de ser inventada no bojo da reinvenção do poder, da reinvenção da luta pelo poder.

Retomando o que dizíamos, penso que cada revolução é única, a revolução não tem modelo. Cada povo, cada partido, cada movimento de massa, cada grupo social, unidos na medida em que são oprimidos e que têm necessidade de demonstrar sua solidariedade para resolver problemas concretos da vida. Como não existem modelos, eles têm de inventar suas próprias experiências. E será sempre uma experiência única. Poder-se-á talvez dizer que isto é muito fácil, que essa resposta é abstrata, mas a verdade é que não há resposta. Simplesmente, não há receitas, não há modelos para que o contrapoder seja criado. Este é o desafio que as massas populares e os partidos têm por enfrentar: determinar como opor a um poder opressivo um contrapoder libertador.

PAULO: Acho que concluis esta série de reflexões de maneira muito correta. Na verdade, a reinvenção do poder é um ato de fé frente à impossibilidade de receitas. Isto é, a reinvenção do poder passa pela superação da crença nas importações de receitas. Frente ao obstáculo, frente à repressão, a reinvenção do poder descobre caminhos. Talvez a única receita seria a seguinte: é impossível, para os que pretendem reinventar o poder, não usar a imaginação, não usar a criatividade, não usar táticas em relação dialética com seu sonho, com sua estratégia, não ter uma compreensão muito crítica das possibilidades históricas. Quer dizer, a reinvenção do poder implica a compreensão crítica do possível histórico, que ninguém determina por decreto.

ANTONIO: Eu proporia, Paulo, retornar a um tema de que já tratamos no início deste nosso diálogo, que se mostrou um tema-guia para encadear outros temas. E, como justamente essa cadeia de temas nos levou a ampliar nossa análise da sociedade, poderíamos então voltar a redefinir, enriquecer, ver de outra perspectiva o problema do Outro, o problema da diferença, do descobrimento do Outro, para descobrir-nos a nós mesmos.

Para retomar nosso diálogo, eu recordaria uma frase de Mariátegui em que ele rememorava sua partida para a Itália, na época em que Gramsci teorizava sobre uma prática política concreta na Itália. Sem dúvida, se Mariátegui não conheceu as reflexões de Gramsci, conheceu ao menos a prática da classe operária e das massas populares italianas sobre a qual o intelectual sardo teorizava naquele momento histórico. De tal sorte que se pode afirmar que há uma proximidade entre Mariátegui e Gramsci. Penso que a frase de Mariátegui resume muito bem as nossas colocações sobre a importância do Outro para nosso autoconhecimento: "Saímos para o exterior, não para descobrir o segredo dos outros, mas para descobrir o segredo de nós mesmos."

Mariátegui viu com clareza que esse desafio de descobrir o segredo do Outro será a mediação que nos levará a descobrir o segredo de nós mesmos. Daí a importância do Outro, daí a importância da diferença, de entrar no segredo do Outro, de compreender o segredo do outro para compreender o nosso próprio segredo. Isto, tanto no plano individual como no coletivo, no plano da pessoa como no da massa, dos grupos sociais etc.

Agora, gostaria que voltássemos a colocar o problema do descobrimento do Outro e da importância de partir do que é o Outro, para propor uma práxis da transformação da realidade, uma teoria do poder, uma teoria da pedagogia que permita ou ajude o processo de transformação da realidade, considerando que o Outro é cultura, uma cultura diversa.

Proporia um quadro teórico provisório, que terá de ir-se transformando à medida que alcancemos o concreto, já que esse concreto irá exigir que mudemos ou transformemos nossa análise teórica. Eu diria que desde a Revolução, senão já mesmo antes dela, o Estado moderno, enquanto Estado-nação, conforma-se com a exigência autoritária de um grupo da sociedade que impõe unidade à nação, reduzindo, eliminando as diferenças culturais que podiam existir nessa Nação-estado ou nesse Estado-nação. Penso que, desde a formação do Estado moderno, persiste essa tendência de alcançar a unidade por meio da anulação da diversidade, ou seja, por meio do descobrimento do Outro como elemento enriquecedor. Eu diria que o caminho seguido até este momento é um caminho errado, porque anulou as diversidades que poderiam enriquecer a unidade. A concepção do Estado moderno inspira não só o Estado moderno constituído, estruturado por política de direita, mas infelizmente orienta também a estruturação dos Estados "progressistas". As últimas experiências de sociedades que pretendem ser sociedades mais justas, mais solidárias, não escaparam a essa tradicional concepção de Estado, por meio de uma unidade imposta por um grupo social ou cultural. Rechaça-se assim a unidade por meio da diversidade, a unidade participativa das diferenças sociais e culturais que devem conformar, em última instância, o Estado-nação. E isso toca num ponto crucial, que é não só o das culturas e etnias, as diferentes nações que conformam um Estado-nação, mas também, e de modo decisivo, o problema da cultura nacional.

O que é uma cultura nacional? O que é uma cultura popular? Para que possamos responder a essas perguntas, eu o provocaria a refletir sobre essa problemática da constituição de uma nação através das diversas culturas, sobretudo nos países africanos, onde o Estado-nação se constituísse respeitando as diferenças culturais. Como você vive ou viveu essa experiência, tanto em nível político como em nível pedagógico? Que condições históricas seriam necessárias para que essas diferenças participassem realmente da construção de uma nação cuja tarefa e desafio fosse constituir-se como Estado-nação enquanto unidade na diversidade? Com base em sua experiência e reflexões, que erros foram cometidos, que elementos teriam de ser considerados para que a política de construção de uma sociedade fosse uma política que julgasse necessária a participação do Outro para enriquecer a construção da unidade? Que elementos no plano concreto de nosso trabalho pedagógico teriam de ser considerados de modo que todos esses diferentes elementos constituíssem um projeto pedagógico em que todos os "eus" ou os "outros" participassem individual e coletivamente na construção de uma nova sociedade?

PAULO: Não tenho dúvida nenhuma de que este vem sendo um dos sérios problemas que a África de um modo geral vem enfrentando em sua luta de independência. Um primeiro aspecto de capital importância a ser visto nesta luta tem que ver com a orientação política do novo Estado. Se uma política orientada no sentido da real, mesmo difícil independência, ou se no sentido da manutenção da dependência colonial de que resulta que o novo Estado assume uma posição neocolonial. É bem verdade que a opção não é, quase sempre, tão fácil de ser tomada. Os antigos colonizadores dispõem de meios econômicos e políticos suficientes para pressionar os ex-colonizados a continuar dependentes, numa posição de aparente independência, a neocolonial. Numa tal posição, obviamente, as expressões culturais, a criatividade do contexto neocolonial continuam, tal qual na época colonial, a ser minimizadas, inferiorizadas.

A distância entre as massas populares nacionais e a pequena elite dominante local, "delegada" do poder metropolitano, é cada vez maior. Foi exatamente engajado na luta contra esta perpetuação do colonialismo que Amílcar Cabral não apenas afirmou mas viveu o que chamou de "suicídio de classe". Suicídio de classe visto e compreendido por ele como sendo a única maneira que intelectuais de uma pequena burguesia africana (submetidos ao esforço de "assimilação" pela cultura e pelo poder das classes dominantes metropolitanas) teriam com que contribuir de forma efetiva para a luta de libertação de seus países.

"Para não trair esses objetivos — os da libertação —, a pequena burguesia", diz Cabral, "só tem um caminho: reforçar a sua consciência revolucionária, repudiar as tentações naturais da sua mentalidade de classe, identificar-se com as classes trabalhadoras, não se opor ao desenvolvimento normal do processo da revolução. Isso significa que, para desempenhar cabalmente o papel que lhe cabe na luta de libertação nacional, a pequena burguesia revolucionária deverá ser capaz de 'suicidar-se' como classe para ressuscitar na condição de trabalhador revolucionário, inteiramente identificado com as aspirações mais profundas do povo a que pertence".

"Essa alternativa — trair a revolução ou suicidar-se como classe — constitui o dilema da pequena burguesia no quadro geral da luta de libertação nacional."[10]

Na verdade, é impossível pensar esta questão, a da cultura, muito menos equacioná-la, fora de uma perspectiva de classe, sem referência ao poder de classe.

É em função deste poder de classe que a cultura hegemônica, expressando a forma de estar sendo da classe

---

[10] Amílcar Cabral, "A arma da teoria: Unidade e luta", in *Obras escolhidas de Amílcar Cabral*. Lisboa: Seara Nova, 1976, v. 1, pp. 212-13.

dominante, se entende a si mesma como a única, a válida, a expressão real, enfim, da nação.

O resto é inferior, é feio. O mesmo ocorre, naturalmente, com a sua linguagem, com a sua sintaxe, considerada como a única certa — o chamado padrão culto — a que as classes trabalhadoras terão de simplesmente curvar-se.

Estas considerações me fazem lembrar o que dizem Marx e Engels na *Sagrada família*: "A classe que impera na sociedade materialmente impera também espiritualmente."[11] Suas ideias são as prevalecentes na sociedade. Mas, além de fazer prevalecer suas ideias, a classe dominante ainda tenta, através do poder de sua ideologia, fazer crer a todos que suas ideias são ideias da nação. Não seria interessante dizer a verdade.

Ligada ao poder econômico e ao político, a cultura dominante tende a impor às demais expressões culturais a sua "superioridade". Por isso mesmo é que, rigorosamente, a decantada multiculturalidade de certas sociedades não existe. Para que, realmente, houvesse multiculturalidade, seria necessário que houvesse uma certa unidade na diversidade.

E unidade na diversidade pressupõe o respeito mútuo das diferentes expressões culturais que compõem essa totalidade.

Acho que, mais uma vez, estamos diante da questão da reinvenção do poder. Me parece imperioso, numa sociedade que experimenta estas diferenças étnico-culturais, como as africanas que conhecemos, ao lado das de classe, que os movimentos interessados na transformação revolucionária

---

[11] Karl Marx e Friedrich Engels, *Ideología Alemana*. México: D.F. Ediciones Vita Nuova, 1938, p. 75.

já comecem a incluir no seu sonho a questão da unidade na diversidade. A sua pedagogia revolucionária teria que levar em consideração essas diferenças no sentido de buscar a unidade na diversidade e não de negar a diferença em nome de uma unidade falsa.

Me lembro agora de uma de minhas conversas com Fernando Cardenal e, creio, com Ernesto Cardenal também durante a minha primeira visita à recém-libertada Nicarágua, quando me esforcei por dar uma contribuição, por mínima que fosse, a seu povo, que tomava a sua história nas mãos. O tema principal de uma de tais conversas foi exatamente o modo como deveria se comportar a Revolução com relação aos índios mesquitos. A posição minha, como a de Fernando e a de Ernesto, era a da necessidade que tinha a Revolução de respeitar os mesquitos. A questão que se colocava não era a de impor a eles a alfabetização em espanhol, língua que não falavam, mas a de incorporá-los à Revolução através de projetos econômicos para a sua região a que se juntassem projetos culturais de que a questão da língua faz parte. A Revolução não correria risco nenhum, como de fato não correu, se respeitasse o *creoulo* de formação inglesa que eles falam. A unidade nacional teria de ser forjada na diversidade e não na imposição, de que resultaria uma artificialidade. Me lembro do meu discurso quando conversávamos sem divergências sobre o tema. Seria importante, dizia eu, que os jovens que fossem à área indígena se apresentassem como representantes da Revolução, falando do que se vinha fazendo no país no campo da alfabetização, deixando claro que a Revolução não estava querendo alfabetizá-los em espanhol. O que ela queria era conversar com eles sobre si mesma e ouvir deles o que tinham a dizer a ela, quais os seus sonhos, suas esperanças. Tenho certeza, dizia eu, de que, se fosse feito algo assim, se lucraria mais. Minha posição, porém, não era a de quem pensa ou age por pura tática. Estava, como estou, convencido de que aquele era um imperativo revolucionário. Insisto em que uma posição como esta tem que ver com um compromisso revolucionário democrático em face da organização e da reorganização da sociedade. Numa perspectiva autoritária, pelo contrário, se decreta, em nome da revolução, o que tem de ser feito.

Antonio: Penso que a análise que você faz, valendo-se do exemplo da Nicarágua, sem dúvida foi possível graças à nossa experiência na África, enquanto descobrimento do Outro como cultura étnica. Experiências diferentes, mas semelhantes ao mesmo tempo.

Paulo: Exato.

Antonio: Porque este é o grande desafio dos países africanos. Decobrimos a América Latina nessa perspectiva, porque passamos por essas diferenças no descobrimento do Outro, na África. Acredito que, se temos maior consciência da necessidade de respeitar a cultura-outra na América Latina, é porque o aprendemos na África.

Eu iria inclusive mais além. Penso que, nas *Cartas à Guiné-Bissau*, você de alguma forma propõe um caminho ao colocar, como uma pergunta radical, que uma pedagogia na África deve considerar os elementos culturais africanos, linguagem e expressão, em que você incluía o gesto.

Paulo: Sim, falo do gesto. Do corpo. Da dança.

Antonio: Da dança como uma das formas de expressão inatas, ou naturais, essenciais das coletividades africanas.

E, com base nesses elementos, reinventar uma pedagogia. Uma pedagogia que parta desses elementos, dessas diferenças essenciais.

Não sei se você concorda comigo, mas penso que a alfabetização na África deve adquirir um sentido muito mais profundo do que o mero alfabetizar ligado a ler e escrever, ou seja, à linguagem falada e escrita. A alfabetização tem de ampliar-se em diferentes linguagens. Não é só aprender a ler e escrever; é apropriar-se de um conhecimento básico em todos os níveis da vida, que o ser humano possa progressivamente ter condições de responder às perguntas essenciais que nosso corpo, nossa existência cotidiana nos colocam.

Assim, eu diria que é fundamental a utilização da oralidade como linguagem para a alfabetização, de vez que a oralidade está na essência das culturas não escritas, como é o caso de diversas comunidades africanas.

PAULO: Esta tem sido uma de minhas insistências.

ANTONIO: Penso que, na África, como em nenhuma outra parte do mundo, deve-se colocar a introdução da cultura escrita como que oposta à cultura oral.

PAULO: Seria pior que ingenuidade. Seria uma violência.

ANTONIO: Pelo contrário, deve-se alcançar um enriquecimento mútuo de culturas orais e culturas escritas. Nesse sentido, o desafio pedagógico e político das nações que possuem riqueza, diversidade cultural está não só em criar uma nova política, uma nova concepção de poder, mas também em criar, como dizíamos, uma nova concepção da própria pedagogia.

Agora, Paulo, poderíamos explorar um aspecto de sua análise, o de que não teremos uma nova educação se não tivermos uma educação em constante renovação.

Gostaria de ressaltar esse aspecto, Paulo. A concepção nova da educação, do poder, da sociedade, da luta pelo poder, inicia ou deve iniciar-se antes de qualquer "tomada do poder". Digo que a nova educação está renovando-se permanentemente; a nova educação deve ser considerada educação como processo, como processo de transformação de si mesma. Como processo que deve transformar-se permanentemente. Não deve aferrar-se a ideias e a modelos preconcebidos, como dizíamos antes. A nova educação não deve temer o processo, porque a vida é um processo, como a luta, o poder ou a educação. Não deve temer a mudança, pelo contrário, a mudança deve ser o motor de toda transformação. É preciso não só aceitar objetivamente a mudança, pois objetivamente ela se dá, mas também provocar a mudança. Penso que, na medida em que provocamos a mudança, exercemos nossa liberdade. A liberdade possui justamente essa possibilidade, essa nossa vontade de provocar a história, de dirigir a história com todos os limites que isso implica.

PAULO: Do ponto de vista da reinvenção da sociedade, da reinvenção, por isso mesmo, da educação, há um momento profundamente desafiador e que pude experimentar na África, na Nicarágua, em Grenada, como antes no Chile de Allende ou do Governo da Unidade Popular — o momento da transição revolucionária.

Evidentemente, nesse momento, o papel da educação tem de mudar, mas a mudança não pode ser mecânica, como de fato não é. O caráter de classe da educação anterior, que atendia aos interesses da classe dominante, discriminando as classes populares e explicitado não apenas na concepção autoritária do currículo mas na prática de uma educação elitista, não pode continuar. Seus conteúdos e seus métodos têm de ser substituídos, com vistas à nova sociedade a ser criada.

A nova sociedade, porém, não se cria por decreto. O modo de produção não pode ser transformado da noite para o dia. Velhas ideias insistem em ficar. A infraestrutura vai mudando, mas aspectos da velha supraestrutura permanecem em contradição com a nova, que se vem gerando.

Este é realmente um momento difícil, que exige dos educadores revolucionários imaginação, competência, gosto do risco. Ao responder a problemas fundamentais da transição, a educação revolucionária tem de antecipar-se, de vez em quando, à sociedade nova, ainda não realizada. "(...) *La revolución no se dá de la noche al dia (no hay revoluciones por decretos; se podrá decretar, pero la revolución se va haciendo, se hace); en consecuencia, la misma educación tiene que ir respondiendo a ese proceso, pero también puede irse adelantando al proceso, creando la conciencia crítica y liberadora que vaya permitiendo fijar los objetivos de esa sociedad en los términos en que la revolución sandinista la propicia, como es una sociedad más justa y más igualitaria.*"[12] Esta antecipação não pode, porém, deixar ou pôr a educação demasiado longe do que esteja ocorrendo nas bases materiais da sociedade transitando, sob pena de se transformar em algo estritamente idealista.

Isso tudo tem que ver com mudanças de método, com uma diferente compreensão do ato de conhecer, com a rein-

---

[12] Carlos Tunnermann, ministro da Educação da Nicarágua. In *Nicaragua triunfa en la alfabetización*: documentos y testimonios de la Cruzada Nacional de Alfabetización. Ministerio de Educación, Departamento Ecuménico de Investigaciones. San José, Costa Rica: 1981, p. 49.

venção do poder, de que já falamos. Tem que ver com a criação do novo homem, da nova mulher, do novo intelectual, da compreensão crítica, revolucionária do seu papel, de tal maneira que o seu conhecimento mais ou menos rigoroso já não seja suficiente para lhe outorgar posições de privilégio ou de poder. Tudo isso faz parte daquele sonho primeiro de que falamos e de como realizá-lo. Nada disso, contudo, pode ser realizado por decreto.

Ligada à produção, ou ao trabalho produtivo, à saúde, deve a educação, na transição, tornar-se um estímulo ao aprofundamento necessário da mudança da sociedade.

Desde o começo da transição, não pode a educação revolucionária, para desempenhar sua tarefa, sofrer adequações puramente metodológicas ou apenas renovar materiais didáticos, de ensino, usando, por exemplo, mais projetores do que quadros-negros. O que a transição exige da educação é que se revolucione, se reinvente, em lugar de meramente reformar-se. Se antes, servindo aos interesses das classes dominantes, a educação reproduzia a ideologia daquelas classes e discriminava as classes populares, jamais ouvidas e sempre desatendidas, agora, na transição, as classes populares no poder não apenas precisam ser atendidas na demanda de educação para seus filhos e filhas, mas precisam também participar ativamente, da sua reinvenção, ao lado dos educadores profissionais. Um dos obstáculos com que às vezes nos defrontamos para esta ingerência das classes populares com relação à sua necessária participação na criação da nova educação se encontra em velhos ranços autoritários que não se desfazem de pronto, apesar do poder pedagógico da luta. Ranços sempre dispostos a ser reativados e segundo os quais refazer a educação na direção das classes populares é tarefa a ser realizada pelos "competentes", que sabem muito bem o que deve ser feito em favor do povo...

A transição está, obviamente, cheia do "velho" em confrontação com o novo, que a revolução significa. O combate que se trava na transição entre ambos é fundamental para a própria caminhada da revolução e do povo.

A questão que se coloca na recriação da educação, na etapa da transição revolucionária, não é só a de apresentar aos educandos os conteúdos programáticos de uma forma competente, mas, competentemente também, refazer esses conteúdos com a participação das classes populares, superando-se igualmente o autoritarismo no ato de "entregar" os conteúdos ao educando.

A permanência de procedimentos autoritários na transição recebe, quase sempre, apelos da própria problematicidade desta fase. A revolução recém-chegada ao poder necessita, para sua própria caminhada, acelerar a formação rigorosa e requer, tão rapidamente quanto possível, quadros técnicos indispensáveis ao processo de transformação da velha sociedade e da criação da nova. Este clima real, concreto, leva os autoritários a estabelecer a relação falsa entre rigor e imposição, rigor e disciplina rígida, rigor e autoritarismo. E, se a revolução obviamente necessita de rigorosidade na formação técnico-científica de seus quadros, concluem pelos caminhos verticais. O fundamental, para nós, jamais seria negar a necessidade do rigor que tem a revolução desde os começos de seu processo, mas desmistificar a falsa relação, dada como necessária, entre rigorosidade e autoritarismo.

"A revolução, quer dizer, a tomada do poder pelo povo e pela Frente Sandinista", diz Marcos Arruda, "não significa que todos os inimigos já se tenham ido. A experiência herdada em forma de estruturas, instituições, relações sociais, processos, mentalidades, continua viva, ainda que tenha perdido muito terreno diante da luta do povo da Nicarágua... Qual a experiência herdada?" pergunta Arruda. "Uma das dimensões mais sérias dessa experiência", diz ele, "é o conceito elitista do conhecimento. Esse conceito ainda pode ser encontrado vivo em todo o sistema de educação tradicional que valoriza apenas o que é teorizado, sistematizado, o que está escrito, o que, numa fase, é dito na escola."[13]

Estes são alguns dos sérios problemas que a transição revolucionária põe aos educadores.

Se me permites, Antonio, acrescentaria alguma coisa com que talvez possa ficar mais claro algo que disse antes.

Evidentemente, a nova educação, que no fundo deve ser entendida como uma educação em processo de permanente renovação, não se cria em sua totalidade depois da chegada da revolução ao poder. Ela começa, em algumas de suas dimensões, muito antes: na mobilização e na organização populares para a luta.

Há em todo esse processo político um trabalho pedagógico quase sempre invisível, altamente importante. Trabalho a ser aproveitado na transição em que se começa um esforço de sistematização da nova educação.

ANTONIO: Não podemos transformar voluntariamente a história; como dizíamos, é preciso que tenhamos sonhos

---

[13] Marcos Arruda, in Carlos Brandão (org.), *Lições da Nicarágua:* a experiência da esperança. São Paulo: Papirus, 1984, p. 110.

possíveis e realizáveis, do contrário seria impossível transformar a realidade.

Agora eu tomaria a nossa análise sobre essas diferenças que localizamos, principalmente, nas sociedades africanas. Essas diferenças devem ser levadas em conta, devem constituir os elementos que permitem uma nova concepção do poder, da pedagogia, das relações entre os homens, uma nova concepção do homem com respeito à economia, à natureza etc. Eu gostaria de provocá-lo, Paulo, colocando-lhe novamente a pergunta sobre o problema de cultura nacional e cultura popular. Gostaria que você voltasse a refletir sobre esses dois conceitos. Se são ou não antagônicos; como poderiam desembocar num projeto de cultura nacional popular e construí-lo?

PAULO: Começaria dizendo que o tema colocado por ti nos poderia levar à discussão de alguns problemas, um deles, por exemplo, o da universalidade do popular, debatido por Gramsci, à luz do internacionalismo marxista.[14] Me lembro agora do excelente trabalho da professora e filósofa brasileira, da Universidade de São Paulo, Marilena Chauí, em que ela estuda aprofundadamente a questão do nacional e do popular na cultura brasileira.[15] Estudo que merece, como de resto tudo o que a professora Chauí escreve, ser, mais do que simplesmente lido, profundamente estudado.

Prefiro dizer-te, contudo, como a mim me parece difícil tomar uma sociedade de classes qualquer, como a tua, como a minha, e falar de uma cultura nacional, sem levar

---

[14] Antonio Gramsci, *Literatura y Vida Nacional*. México: D.F., Juan Pablos Editor, 1976.
[15] Marilena Chauí, *O nacional e o popular na cultura brasileira*. São PAULO: Brasiliense, 1983.

em conta a questão das classes sociais. Porque, na verdade, para as classes dominantes, a cultura nacional é o que faz parte de seu universo de classe — suas ideias, suas crenças, seu gosto. A não cultura nacional é o "desgosto" das classes populares, são as "corruptelas" de sua linguagem. A ignorância, o português "errado" da massa popular.

Por outro lado, as classes populares, apesar do esforço ideologizador das classes dominantes, apesar do poder de sua ideologia, não se reconhecem em muitos dos aspectos ditos nacionais pelas classes dominantes. Pelo contrário, sabem muito bem que, no fundo, o que se diz ser nacional é, em muitos casos, a expressão de um poder de classes que as minimiza e inferioriza. Neste sentido, me parece que uma das importantes tarefas a ser cumpridas no processo de transformação de uma sociedade de classes, com a superação do antagonismo entre classes dominantes e classes dominadas — o que pressupõe a transformação do modo de produção capitalista —, seria a de criticamente reinventar a cultura, reinventar a linguagem. Mais uma vez, a questão da reinvenção do poder.

Tomemos a linguagem, que não pode ser pensada fora das relações de classe, fora das condições econômicas, fora do poder. Quem define que um certo padrão de fala é o certo, o culto? Se há um que é o culto, é porque há outro que é o inculto. De quem é um e de quem é o outro? Quem diz que a linguagem das crianças populares é errada, deficiente? Quem fala da incapacidade de abstrair, na falta de coerência na linguagem das classes populares dominadas? Faz tudo isso quem tem poder e em função de seu poder, quer dizer, a serviço de seus interesses. Quem tem poder econômico perfila quem não tem.[16] Por isso é que as classes dominadas só podem perfilar as dominantes quando, tomando-lhes o poder, o reinventam.

Portanto me parece que a transformação do modo de produção capitalista em socialista, a reinvenção do poder, se deva orientar no sentido da reinvenção também da linguagem, da criação de uma nova sintaxe. Desta forma, a pouco e pouco, se passaria a ter não mais a linguagem dos dominantes, com sua gramática instrumentalizadora de seu poder, não mais a linguagem "errada" dos dominados, considerada como inferior, ilógica; mas uma espécie de síntese dialética entre as duas, a superação do domínio de uma linguagem sobre a outra, de uma sintaxe sobre a outra, a reinvenção, afinal, da linguagem. Na medida em que sabemos que tanto a linguagem dominante quanto a dominada não se constituem no ar, no vazio, mas, pelo contrário, na concretude do sistema social, ao mesmo tempo que implicam uma relação de poder e um "espaço" de luta, podemos tentar aquela síntese referida, não como um idealismo teimoso, mas realisticamente aproveitando o novo sistema social, a nova realidade material que a reinvenção revolucionária da sociedade passa a oferecer.

Nada disto pode efetivar-se se, em lugar de uma posição radicalmente revolucionária, democrática, assumimos uma atitude messiânica, elitista, em face das classes populares. Ou comungamos realmente com elas, ou jamais aceitaremos a síntese de que falei. Assim como teremos que reinventar o poder, teremos que reinventar a linguagem, a cultura. Neste

---

[16] A esse propósito, ver: Albert Memmi, *Retrato do colonizado precedido pelo retrato do colonizador*, 2ª ed. Rio de Janeiro: Paz e Terra, 1977.

sentido, a revolução marcharia para uma cultura nacional, agora com a superação dos antagonismos de classe.

ANTONIO: Estou inteiramente de acordo com a análise da cultura nacional enquanto manifestação da classe dominante, numa sociedade de classe. São os membros da classe dominante que determinam o que é e o que não é a cultura nacional. Nesse ponto, estamos completamente de acordo. Sem dúvida, o conceito de cultura popular tem relação com o senso comum, com os elementos de resistência e os de não resistência — com essa mistura de dominação e de revolta diante da dominação. Tudo isso poderia constituir o que chamamos de cultura popular.

Mas uma cultura popular deve fornecer não só os elementos para transformar ou reinventar o poder, como também os elementos para reinventar a cultura, a linguagem, a literatura, a arte, para reinventar a maneira de comer, de beber, para reinventar a vida. Porque, em última instância, criar uma nova sociedade é reinventar uma nova sociedade, e por isso mesmo reinventar-nos, recriar-nos a nós mesmos, porque, recriando-nos, individual e socialmente, vamos transformar a sociedade.

O grande desafio do processo histórico transformador está em alcançar essa síntese que poderíamos chamar uma *cultura nacional popular*, em que participem todos os elementos constitutivos da sociedade, em que haja um que domine o outro, mas que concorram todos na criação dessa nova concepção do poder e da linguagem, dessa nova concepção da literatura e da pedagogia, numa sociedade em que todos juntos constituam realmente o nacional-popular, ou seja, que o nacional inclua todo o popular e tudo que não é popular. Nesse sentido, elimina-se o antagonismo nacional/popular, restando justamente o elemento nacional enquanto constituição de todas as expressões culturais de uma sociedade em que nenhuma dessas expressões imponha à outra o seu poder, os seus valores, as suas formas de expressões culturais, dominantes uns, dominados outros.

Em suma, retornamos à posição de que a sociedade deve ser uma sociedade de diálogo, de participação total, uma sociedade em que cada um tenha uma parcela do poder e a soma de parcelas do poder constitua o poder como tal.

PAULO: Acrescentaria, no entanto, um ponto a estas nossas reflexões, relacionado à reorientação da produção, numa visão distinta do projeto de desenvolvimento, sem a qual cai por terra a proposta cultural de que falamos.

Quando ainda trabalhava para o Conselho Mundial de Igrejas e assessorava, juntamente com a equipe do Instituto de Ação Cultural, o governo da Guiné-Bissau, no campo da educação, sobretudo de adultos, costumava manter conversas com o economista brasileiro Ladislau Dowbor, que era então assessor do Ministério de Planificação Econômica da Guiné. Conversas em que comparávamos o poder dos discursos progressistas ou mesmo revolucionários em torno da educação e da cultura, o poder das próprias inovações introduzidas no sistema escolar, com o poder contrário, advindo da colocação em prática de alguns projetos econômicos sugeridos ou inculcados na liderança por alguma multinacional. "Às vezes", dizia Dowbor, "se decide numa noite o destino de uma sociedade como esta, com a aceitação de dois projetos econômicos que vão distorcer o caminho traçado para a reinvenção da educação e da cultura".

A dimensão política da reorientação da produção tem que ver necessariamente com a participação ativa das massas populares. Volto, assim, a um aspecto a que te referiste enfaticamente quando falávamos da reinvenção do poder — o da crescente participação popular no poder e na gestação do poder, o que não ocorre se as massas populares não participam de algum modo do projeto econômico da sociedade.

Qual o espaço de participação das massas populares no ato produtivo? São elas, através de *n* caminhos, através de certas expressões de poder local, consultadas em torno do que produzir?

ANTONIO: Ou para que produzir.

PAULO: Para que e para quem. Em favor de que, em favor de quem, contra que e contra quem. Estas perguntas possivelmente farão rir a alguns burocratas no poder ou candidatos a ele. É que estão certos de que têm de decidir sozinhos, pois já sabem o que têm de fazer. Para mim, na medida mesma em que já sabemos demasiado o que temos que fazer, o poder não se reinventa. É simplesmente tomado. Muda apenas de mãos. Para que o poder se reinvente, é preciso que não saibamos tudo o que deve ser feito. É preciso não estarmos demasiado certos de nossas certezas. Nem por isso, porém, podemos prescindir de propostas a fazer, a testar. Quando falo de não estarmos demasiado certos de nossas certezas, não quero dizer que o certo é estarmos andarilhando sem rumo, procurando adivinhar o que fazer. Isto seria cair no já criticado espontaneísmo que, como disse antes, não tem o seu contrário positivo na arrogância autoritária e elitista. Qual é mesmo o espaço de participação e de liberdade dos sindicatos? Como é que a classe trabalhadora se assume como sujeito também e não apenas como instrumento de produção? Reorientar o ato produtivo, tendo-se dele uma visão democrática, é absolutamente fundamental para reinventar o poder e a cultura, a linguagem e a educação. No fundo, sem uma tal reorientação, continuaremos reproduzindo uma compreensão tecnocrática e elitista da produção.

ANTONIO: Penso que essa sua análise, Paulo, não é senão a continuação do que já estamos colocando.

PAULO: Fundamental, porém.

ANTONIO: Quer dizer, em outro nível, no nível do desenvolvimento. Se sustentamos que a reinvenção da sociedade implica uma reinvenção da política, do poder, da pedagogia (o que implica que a sociedade se transforme em um processo permanente de renovação), sem dúvida isto compreende também a renovação não só do conceito de desenvolvimento, mas também o de ação, do processo produtivo como tal, entendido não como processo produtivo para satisfazer tão somente necessidades econômicas, mas como processo para satisfazer *necessidades.*

Aqui me parece que, na questão de desenvolvimento, temos de formular o problema das necessidades. Porque um projeto novo de desenvolvimento, uma reinvenção do conceito do processo de desenvolvimento, tem de responder fundamentalmente às necessidades das maiorias; para isso, é decisivo descobrir quais são as necessidades das classes populares. São as próprias classes populares que devem descobri-las, junto a esse novo tipo de intelectual que adentra o sentir das massas populares, que se apropria desse sentir, o qual se manifesta basicamente em necessidades, em ações para responder às imperiosas necessidades vitais das massas populares. Penso que reorientar o processo produtivo, Paulo, significa ir de encontro a que esse processo imponha as necessidades, que ele determine o que o povo deve comer, beber, ouvir, vestir ou aprender.

O processo produtivo, antes de ser ato de produção, deve ser ato de descoberta das necessidades do povo para que possa responder a essas necessidades. É inegável que, nessa resposta às necessidades do povo, irão se criar novas necessidades; nesse sentido, o desenvolvimento é um redescobrimento, uma reinvenção do próprio processo de desenvolvimento, porque será um ato que irá responder às necessidades essenciais do povo e estará fundamentalmente ligado a elas. Com isso, voltamos ao problema das perguntas fundamentais, das respostas a perguntas necessárias que o povo se faz para ser feliz. Porque, em última instância, o povo é feliz respondendo às suas necessidades, necessidades que ele deve encarar como processo. Não são necessidades fixas e para sempre; são necessidades históricas, que devem exigir do processo de desenvolvimento respostas adequadas a essas necessidades.

Penso que teríamos de insistir no fato de que o povo possui o dever de descobrir suas próprias necessidades básicas, como ato de resistência a necessidades impostas, do exterior, por um processo produtivo alienante determinado pelas classes dominantes da economia mundial. De tal sorte que a reprodução ou reinvenção do político, do ato de produzir, da economia do processo produtivo, implica uma reinvenção, um redescobrimento das necessidades do povo para eliminar as necessidades impostas e descobrir ou reinventar as suas próprias necessidades.

Acredito, Paulo, que, para dar concretude a essa análise das necessidades, seria conveniente apresentar exemplos reais, extraídos de nossa vivência, principalmente na África e talvez na América Latina, onde se verifica essa contradição entre um processo produtivo que deveria satisfazer as necessidades essenciais e um que impõe necessidades.

Paulo: Exato. Acho que esta reflexão nossa em torno da reorientação da produção — sem a qual não reinventamos a cultura, a linguagem, a educação — precisa ser acrescida de algo para que não demos a impressão de puros sonhadores. Temos, então, de reconhecer as extraordinárias dificuldades que a liderança política de um país pequeno, recém-saindo do jugo colonial, tem no seu dia a dia. Liderança que ou aceita, seja por oportunismo, seja por opção, a política neocolonial que mantém o país colonizado, com menos ônus para o colonizador, ou se orienta na linha de uma difícil independência. É preciso estarmos claros em torno de como a jovem nação independentizando-se se constitui num espaço de disputas e de interesses econômicos, ideológicos, políticos.

Me lembro de comentários que ministros de Estado faziam a mim, em diferentes países da África, com os quais tinha relações pessoais e não apenas funcionais, em torno das pressões tremendas que recebiam, ora de governos, ora de organismos privados, estes últimos especializados em projetos de desenvolvimento. E me falavam das visitas, às vezes cansativas, importunas, de técnicos de empresas especializadas em desenvolvimento, que chegavam com suas valises cheias de soluções salvadoras da economia nacional. Tentavam, em regra, convencer o governo do acerto e da urgência, por exemplo, da instalação de uma fábrica de sucos ou de descaroçamento de algodão. Fábrica, não importa de quê. No fundo, o que faziam, de modo geral, com alguma provável exceção, era impor uma necessidade, como dizias. Obviamente, os projetos são propostos como deflagradores do desenvolvimento. A própria empresa que propõe o projeto se encarrega, quase sempre, de obter o financiamento necessário, ganhando uma porcentagem substancial sobre o montante do financiamento. Normalmente, contudo, de acordo com informações que me davam, esses projetos trabalhavam no sentido do endividamento do país e não no da sua independência. Introduziam instrumentos tecnológicos que terminavam intocados pela sua inadequação ao contexto.

Creio ser importante, nesta altura, aclarar dois pontos: de um lado, ao comentar as dificuldades que as lideranças em circunstâncias como as descritas enfrentam, não pretendo inocentá-las dos erros cometidos. Alguns projetos de que fui informado, de quase nenhum ou de nenhum interesse popular, foram executados a despeito dos pareceres negativos de órgãos técnicos e responsáveis. De outro, ao me referir à introdução, através de projetos superpostos à realidade, de uma tecnologia inadequada ao contexto, não estou com isso pretendendo dizer que os países africanos não deveriam também dar o salto tecnológico. Mas o que é preciso é que o avanço tecnológico não constitua uma imposição ou uma invasão cultural.

Em última análise, fica claro que a luta a ser travada pela preservação da independência conquistada, independência enquanto autoafirmação nacional, não é menos difícil do que a realizada pela conquista da independência. Nesse sentido, a luta tem de continuar, mesmo que em estilo diferente. E se, nessa luta, as lideranças políticas se distanciam das massas populares, ora asfixiadas pela e na burocracia herdada, ora porque conduzidas pela ideologia autoritária e elitista, ainda que em nome da revolução, não têm como consubstanciar uma sociedade libertando-se. O sonho inicial de libertação, de autonomia e de independência se desmorona. Em certo momento de tal processo, o distanciamento entre as lideranças e as massas é tal que aquelas têm de apelar para o autoritarismo disciplinar e controlador de tudo e de todos. Adotam-se esquemas de segurança para tudo e todos os momentos, de tal forma que o líder sucumbe prisioneiro da sua própria segurança. Segurança, no fundo, armada contra seu povo.

Uma liderança que se envolva no processo de transformação radical inclusive num país grande como o Brasil, que alcançou um nível de desenvolvimento de suas forças produtivas, do ponto de vista capitalista, bastante razoável e de modernização tecnológica também, deve estar atenta a esse tipo de pressão externa. É claro que um país como o Brasil teria muito mais condições de se defender de tais pressões, experimentando-se num processo de autoafirmação, do que os países com os quais trabalhamos na África. Mas, de qualquer maneira, é preciso que deixemos claro mais uma vez, quando falamos na reorientação da produção, na reinvenção do poder, na reinvenção da cultura, da educação, que estamos advertidos do mundo de dificuldades e obstáculos que isso implica.

ANTONIO: Penso que estamos conscientes, Paulo, das dificuldades enfrentadas pelos países que querem se tornar independentes e propor uma nova orientação à produção, conscientes das pressões da economia mundial, das multinacionais. Penso, inclusive, nas pressões de organizações, governamentais ou não, nacionais ou internacionais, que se ocupam do desenvolvimento, adotando práticas que por vezes são inconscientes, destinadas em muitos casos a ajudar a resolver o problema de desenvolvimento desses países.

Sem dúvida, todas essas alternativas partem de uma concepção errada do processo de produção, porque não determinam as necessidades concretas do povo, mas na verdade propõem um processo do desenvolvimento que satisfaz às necessidades externas do país. Não digo que o país não precise manter relações com a economia mundial, na qual está inserido e da qual depende sua própria economia. Mas entendo que uma política de transformação da sociedade deve procurar estabelecer uma conciliação entre essas pressões externas e a solução dos problemas concretos de seu povo. São, na maioria das vezes, problemas de fácil solução, problemas para os quais o próprio povo tem as soluções, encontradas através de seu próprio conhecimento.

Penso que qualquer reinvenção do processo de desenvolvimento deve partir não só da determinação das necessidades fundamentais do povo (as quais ele próprio deve redescobrir, reinventar) mas também do conhecimento que o povo possui para responder a essas necessidades. Todos esses governos nos quais o povo é líder devem reconhecer as pressões vindas do exterior, tanto de amigos como de inimigos.

Toda tentativa de formular uma nova concepção, uma reorganização do desenvolvimento, deve partir do conhecimento e das técnicas que o povo detém, para responder a essas necessidades. Como dizíamos, qualquer projeto político deve tomar em conta esse senso comum, essas respostas empíricas dadas pelo povo a suas necessidades. E, partindo disso, abrimos um espaço para que ele desenvolva ainda mais sua tecnologia, seus conhecimentos para responder a suas necessidades, nesse jogo de descobrir necessidades e reinventá-las, ou de recriar técnicas, ou utilizar ao máximo técnicas e conhecimentos que permitam solucionar essas necessidades. Acredito seguramente que podemos propor uma outra forma de desenvolvimento que vá respondendo lentamente às verdadeiras necessidades do povo, mas com a sua imaginação e participação, com suas ações, reflexões e conhecimentos.

Seria bom recorrer a certos exemplos para que víssemos de que maneira existe uma não utilização e um menosprezo inconsciente do conhecimento que o povo detém para responder a suas necessidades. Menosprezo não só com respeito à criação de novas necessidades, mas pelas formas práticas encontradas pelo povo para resolver suas necessidades.

Poderia contar-lhe, por exemplo, que, na Guiné Equatorial, determinadas organizações de ajuda que manifestam a vontade de contribuir na resolução dos problemas do povo da Guiné propuseram um aumento da produção pesqueira, conscientes de que o povo é subnutrido e de que, portanto, é preciso aumentar o valor proteico de sua alimentação. Para tanto, ajudaram na mecanização da produção e propuseram a conservação dessa produção. A conservação se realizaria por meio de refrigeração. Mas a produção de gelo em um país tropical — como também em um país europeu

— implica a criação de energia, e onde encontrá-la? Energia se produz por meio do petróleo ou da eletricidade. Como obtê-la em um país que não possui eletricidade e dificilmente consegue comprar petróleo? Sem dúvida, torna-se possível na medida em que nos propomos a valorizar ou a revalorizar as técnicas populares, a buscar as técnicas de conservação tradicionalmente usadas pelo povo. E essas técnicas empregam a energia encontrada na natureza. E esta provém ou do fogo (num país cheio de florestas, de bosques, a lenha está ao alcance da mão) ou do calor do sol (em um país tropical, o sol brilha o ano todo). De modo que a conservação dos produtos é um problema resolvido pela técnica tradicional.

PAULO: Vê, Antonio, como esse exemplo que dás, exemplo que fala por si mesmo, revela como, até mesmo entre pessoas e instituições movidas pela intenção de ajudar, se acha fortemente presente a ideologia autoritária que supervaloriza o conhecimento científico, a tecnologia avançada, e menospreza a sabedoria popular. Ideologia autoritária, da "branquitude", segundo a qual quem sabe é o centro, a "periferia" nunca sabe; quem determina é o centro, a periferia é determinada. Neste exemplo que ofereces, se vê claramente como esta ideologia "imuniza" os seus portadores de pensar, durante um segundo sequer, que as classes populares de qualquer país tenham aprendido, na prática social de que participam, a desenvolver técnicas para a conservação de alimentos. Ninguém se dá ao trabalho de perguntar, de pesquisar, pois a "incompetência" da população é considerada uma "dimensão de sua natureza". De novo, a questão da pergunta primeira. O exemplo de que falas nos dá novamente o testemunho de como as perguntas primeiras se perdem esmagadas pela força das respostas mais presentes. A instituição referida nada perguntou à população. Trouxe a resposta da tecnologia na refrigeração, no refrigerador. Se tivesse perguntado, descobriria como aquela população, ao longo do tempo, na luta pela preservação de si mesma, havia encontrado respostas a algumas de suas perguntas fundamentais. É incrível isso!

ANTONIO: Todo projeto de ajuda ao desenvolvimento desses povos deve propor-se não só descobrir junto ao povo suas próprias necessidades, mas também descobrir as formas tradicionais de satisfazê-las. Somente em seguida a esses passos, poderíamos propor técnicas desenvolvidas por outras culturas, técnicas simples que podem ser rapidamente apropriadas pelo povo. A essas técnicas poderíamos chamar *técnicas apropriadas*. Portanto, todo esse processo educativo, porque é um processo educativo, de resolver os problemas do povo, deve começar, insisto, a partir do conhecimento empírico, que é o poder do povo para resolver seus problemas.

Além do mais, Paulo, o fato de não se colocarem as primeiras perguntas para se buscarem as respostas adequadas implica importantes consequências no âmbito cultural. Uma população que está culturalmente acostumada a comer peixe defumado, em virtude de uma tecnologia imposta, a refrigeração, tem de mudar seus hábitos alimentares.

PAULO: Portanto, de mudar o seu gosto. E o gosto é cultural!

ANTONIO: É cultural. *(risos)* Surge, então, o problema da resistência. É certo que essa população não irá consumir peixe fresco, porque isso significa romper com uma tradição. Não digo que essas tradições não devam mudar, se assim determinar o povo.

PAULO: Claro! Amílcar Cabral falava da necessidade de superação do que ele chamava de *negatividades da cultura*.

ANTONIO: Se podemos conservar o gosto, a cultura, para resolver o problema fundamental da desnutrição, então por que temos necessariamente de recorrer a outras técnicas que irão alterar o processo cultural que o próprio povo está realizando e que, de alguma forma, já está solucionando os problemas do povo?

Nesse sentido, tudo isso é uma corrente que conduz a uma alteração e a uma criação de necessidades diversas das verdadeiras necessidades do povo.

Posso colocar um outro exemplo e que também me parece interessante. Acabo de chegar do Zaire, vindo de uma região que apresenta o mesmo problema: o da desnutrição. Uma região em que, já antes da chegada dos colonizadores, tinha a tradição do que se denomina a *civilização do grão*: o povo que semeia grãos e vive em função dessa forma de produção que estrutura a sociedade de maneira determinada. Naquela época, tinha sentido uma tal civilização, porque a terra permitia essa forma de produção para resolver os problemas de alimentação. Mas, como a colonização dizimou os bosques e transformou um solo rico em uma terra pobre, a civilização do grão jamais tem sentido. Então, o povo tem de buscar novas formas de resolver seu problema fundamental, o da desnutrição permanente que já persiste há dezenas de anos.

Há um projeto ítalo-zairês, patrocinado pela FAO, para introduzir novas culturas e novas técnicas de cultivo. Essas novas técnicas correspondem às técnicas europeias, que empregam a mecanização. Mas a mecanização, Paulo, durará o tempo que durar o projeto; quando este se encerrar, ficarão os tratores e as máquinas que exigirão divisas para continuarem funcionando num país cuja produção não pode competir em nível internacional para criar essas divisas.

Assim, pretendem, de um lado, introduzir tecnologias não adaptadas ao conhecimento do povo, sem se perguntar que conhecimentos o povo tem para poder resolver seu problema de alimentação; por outro lado, pretendem introduzir novos cultivos, talvez de teor proteico mais elevado, como a soja, o milho etc., sem descobrir, com o povo, qual é o grau cultural e físico de aceitação, porque não cabe pensar que todo e qualquer alimento deva ser suportado cultural ou fisicamente por um determinado povo. Está comprovado, por exemplo, que o leite, um dos alimentos mais ricos em proteínas, não é fisicamente tolerado por alguns povos, criando reações alérgicas e rejeição física. Antes de fazer-se qualquer proposta, é preciso descobrir quais são as respostas físicas e culturais a essas inovações. Não podemos, entretanto, esquecer que a preocupação dos organismos nacionais e internacionais, partindo de uma necessidade concreta, que é resolver o problema da desnutrição, talvez também responda, de maneira inconsciente, a necessidades da indústria internacional.

Embora inegavelmente constituam uma tentativa de ajuda verdadeira para criar espaço a fim de que o povo resolva realmente seus problemas essenciais, as propostas de organismos nacionais e internacionais estão destinadas ao fracasso se não levarem em conta os elementos culturais, os elementos de organização social e de conhecimento empírico do povo, o conhecimento de suas técnicas e de suas necessidades reais. Relacionado a isso, Paulo, existe um outro problema, também importante, que de alguma forma já abordei. É a necessidade de descobrir o grau de resistência a certas respostas procedentes de fora. Na Bolívia, conversando com os aymaras sobre a necessidade de aumentar o teor proteico de sua alimentação para resolver o problema da desnutrição, ouvi deles certas crenças que, se não as conhecêssemos, nos teriam impedido estabelecer as respostas adequadas. Contava-me uma mãe aymara uma crença comum entre as mulheres desse povo, segundo a qual dar leite e ovo ao filho significa correr o risco de que a criança demore a começar a falar ou até mesmo venha a ficar muda. Ou seja, o ato de dar ao filho leite ou ovos implica um perigo iminente para a criança. A mãe, então, não lhe dá nem uma nem outra coisa.

O que conseguiríamos se, num processo educativo, determinássemos que fosse necessário ensinar a essa gente que se deve dar leite e ovos aos filhos para sua própria formação como seres humanos? Há crenças cuja origem desconheço, mas que temos de descobrir, tanto eles como nós.

PAULO: Seria realmente interessante uma investigação que elucidasse a razão de ser desta crença. Evidentemente, uma crença como esta ou outra qualquer, dentro de uma totalidade cultural, não aparece por acaso. Há uma razão qualquer. Enquanto falavas, eu me lembrava de um curso de formação de alfabetizadores que coordenamos, anos atrás, Elza e eu, em São Tomé e Príncipe. Foi uma das melhores experiências de que participamos na África — a de formar quadros tanto quanto possível vivendo a unidade entre teoria e prática. A partir do segundo dia em que fizemos juntos, os formandos e nós, uma visita à área para apreender o universo vocabular mínimo e depois de umas tantas considerações teóricas baseadas na própria pesquisa e na seleção das palavras geradoras, cada candidato se viu responsável pela coordenação de um círculo de cultura. No dia seguinte, dedicávamos toda a manhã à análise da prática exercida na tarde anterior. Os grupos de alfabetizados estavam conscientes da importância política de seu papel — o de ajudarem na formação dos futuros educadores. Me lembro muito bem de um dos participantes do curso, sempre calado, mas muito atento e curioso. Trabalhava no Ministério da Saúde como agente popular de saúde. Diante dos alfabetizandos revelou-se um extraordinário educador. Vivo, perguntador. A palavra geradora com que devia trabalhar era *saúde*. Preferiu dramatizar uma situação da vida colonial à guisa de codificação. Foi uma experiência linda, a que tive o prazer de assistir, na qual usou o seu corpo de maneira excelente. Fez teatro, fez balé, fez música, fez tudo com o corpo, com a voz. No fundo, "propunha" ao grupo de alfabetizandos que "lesse" o seu corpo, que apreendesse a unidade de seu corpo com algumas palavras que pronunciava, a fim de alcançar a palavra geradora *saúde*. Pois foi exatamente na dramatização, no diálogo, arrancando respostas a suas várias perguntas em torno da alimentação para chegar à palavra saúde, que o grupo de alfabetizandos expressou a mesma relação entre ovo-leite e perda de saúde. "O colonizador incutia na cabeça dos colonizados", disseram alguns deles, "que comer ovo era perigoso. Em vez, então, de comer ovo, o colonizado vendia a preço absolutamente acessível os ovos de suas galinhas ao colonizador". No fundo, a crença no mal que o ovo podia causar tinha razão de ser no interesse do colonizador em preservar os ovos para ele. Quando falaste agora disto, me lembrei da experiência de São Tomé e fiquei a pensar em quão interessante seria descobrir as raízes mais remotas desta crença do mal que o ovo e o leite podem fazer à criança. De qualquer maneira, tens razão quando dizes que não será um discurso médico ou pedagógico que vai romper com essa tradição, que deve ser muito antiga. A superação disso teria de ser feita a partir, não do discurso em si, mas da prática, evidenciando-se que ovo não faz mal, comendo-o na frente da mãe, para que a mãe veja, e também associando-se a esta prática o conhecimento da razão de ser da crença.

ANTONIO: Que é preciso descobrir. Por que esta crença está arraigada nas mães aymara? Mãe alguma ministrará essa alimentação, ainda que ouça todos os discursos que lhe possamos fazer em um programa educativo, imposto de fora, que vise resolver os problemas concretos de desnutrição desse povo. Temos de conhecer a origem dessas crenças populares para poder eliminá-las. Essas crenças impedem justamente a aceitação de soluções adequadas: esse povo, por exemplo, pode produzir ovos e leite, mas a produção não se destina a resolver seus próprios problemas, não se destina ao consumo por parte dessa comunidade.

PAULO: É necessária uma psicanálise histórico-cultural.

ANTONIO: Uma psicanálise, pela libertação.

Penso, Paulo, que poderíamos arrolar muitos exemplos que mantêm uma relação com a medicina e a saúde do povo. Qualquer programa sanitário, no meu entender, deve começar por conhecer quais são os conhecimentos de saúde de um determinado povo. Todo programa de alfabetização sanitária deve começar, não pela imposição de um conhecimento, mas por descobrir o conhecimento de saúde que esse povo detém, e valorizá-lo no que apresenta de positivo. De sorte que podemos utilizar todas as respostas empíricas apresentadas pelo conhecimento popular com relação, por exemplo, à conservação dos alimentos. Por sua vez, todos os programas de medicina moderna têm de aproximar-se do conhecimento popular, para compreender a recusa a certas técnicas, a certos meios de prevenção e cura, a algumas formas de utilização de determinados medicamentos. Todos esses elementos têm de ser descobertos para ser eliminados e, assim, tornar-se possível uma aceitação das respostas apropriadas, vindas de fora para dentro.

Insisto em que qualquer projeto de transformação de uma sociedade deve ser uma reinvenção em todos os planos. E, no plano da saúde, é fundamental que se parta do conhecimento empírico, do povo, com relação à conservação e à proteção de sua saúde.

PAULO: Agora, ao conversarmos sobre esta necessidade permanente que têm o educador enquanto político e o político enquanto educador, a de perguntar-se — uma vez mais a questão da pergunta —, perguntar-se constantemente em torno de certas crenças populares, eu me recordava de um caso muito interessante que li anos atrás, num livro mexicano, de cujo autor não me lembro no momento. Era uma experiência de um agrônomo extensionista que, chegado a uma comunidade camponesa mexicana, propôs a substituição do milho simples pelo milho híbrido. No desempenho de sua tarefa, teve várias reuniões com a comunidade camponesa, em que falava das vantagens econômicas advindas da substituição do milho simples pelo milho híbrido. Falava da produtividade. O aumento da produção seria indiscutível. Exultante, media os pedaços de áreas de terra, calculava com os camponeses quanto iam produzir a mais. E os camponeses dizendo sim, muito bem, fizeram afinal a substituição de um milho pelo outro. Muito feliz, muito contente, levando sempre o seu discurso de boa intenção consigo no cumprimento de uma tarefa que lhe parecia importante, fundamental. A tarefa era realmente importante, mas estava mal cumprida. Na volta, veio ao mesmo sítio para examinar os resultados. A mudança do milho simples pelo híbrido havia intensificado a produção como ele tinha previsto. Acontece, porém, que os camponeses tinham parado de produzir, de plantar milho híbrido, e tinham voltado a plantar o outro milho. Só então é que ele soube as razões por que os camponeses plantavam milho simples. A razão fundamental era a seguinte: aquela comunidade não plantava milho para vender. Plantava para comer na tortilha e o gosto do milho híbrido era absolutamente diferente do outro e alterava, então, uma dimensão fundamental da cultura daquela comunidade, representada no gosto da tortilha. Foi preciso que aquele agrônomo sofresse esse impacto para que percebesse a obviedade a que já fizemos referência nesse diálogo: antes de propor uma mudança, é preciso saber quais as condições culturais do grupo a quem se faz a proposta.

ANTONIO: E quais suas condições físicas.

PAULO: Suas condições físicas, orgânicas, de aceitação ou de resistência à proposta que se vai fazer. No fundo temos, uma vez mais, de voltar a um ponto sobre que insistimos tanto nesta conversa: o da necessidade que o educador, que o político, sem pretender separá-los, têm de, em certo sentido, deixar-se molhar completamente pelas "águas culturais" das massas populares, para poder senti-las e compreendê-las. Fora disto, o que podem obter, quase sempre, é uma compreensão defeituosa do real, do concreto, à qual falta, por isso mesmo, uma dimensão fundamental, que é a maneira como as massas populares reagem e se veem em sua relação com o contexto.

ANTONIO: O exemplo que você acaba de apresentar demonstra bem a importância da necessidade de partir do conhecimento, tanto positivo como negativo, das camadas populares, para então propor, com elas, a resposta a essas necessidades. Porque esse descobrimento deve ser feito junto a elas, e não no exterior; elas próprias devem tomar consciência de que seu conhecimento possui, a um tempo, aspectos positivos e negativos. Gostaria inclusive de insistir nesses exemplos, que são pertinentes para se alcançar uma compreensão de que é necessário recorrer-se ao domínio do saber popular. Proporia que refletíssemos ainda sobre essa mulher aymara que me informou acerca de uma crença que impede os aymara de utilizar produtos que eles mesmos produzem, para solucionar de maneira eficaz um problema fundamental de sua gente: a desnutrição.

Curiosamente, você falava de um outro exemplo, semelhante, em que o produto inclusive era o mesmo, ovos. E foi uma experiência pedagogicamente interessante, a do animador que teatralizava a decodificação da palavra *saúde*, na qual também ele afirmava que o ovo constituía um perigo como alimento.

PAULO: Ele contestava isso, no entanto.

ANTONIO: Contestava-o no entanto; digamos que ele afirmava a existência da crença.

PAULO: Exato, e que, segundo ele, havia sido incutida, historicamente, pelo colonizador.

ANTONIO: Gostaria agora de refletir um pouco sobre isso, porque a resposta me parece interessante. Eu diria que é demasiado óbvia. Esta mesma resposta me deu a mulher aymara quando lhe perguntei do porquê dessa crença: "Foram os espanhóis", disse-me ela, "os colonizadores espanhóis que influenciaram o pensamento de nosso povo, para que não tomássemos leite nem comêssemos ovos. Porém não disseram que não os produzíssemos; pelo contrário, tínhamos de produzi-los, mas para eles; para eles produzíamos ovos e leite, não para resolver o problema alimentar de nossos filhos, e isto ainda é válido." Digo, portanto, que é por demais evidente a resposta. Se a origem está no colonizador, devemos nos perguntar como é possível que essa crença se mantenha, após cem anos de relativa independência.

Aí teríamos de nos perguntar, por exemplo: a partida do colonizador não significou então a independência real do povo aymara? Outro colonizador, desta vez *criollo*, substituiu ao antigo e fez tudo para que a crença continuasse em meio à sociedade aymara?

PAULO: Me parece muito interessante o caminho que propões, ao fazer a pergunta, ao indagar sobre a resposta aymara.

A impressão que tenho, porém, é a de que a segunda pergunta seria muito mais no sentido da procura da compreensão do poder fantástico da ideologia colonizadora introjetada pelo colonizado, que introjeta também a própria figura do colonizador. Quando o colonizador é expulso, quando deixa o contexto geográfico do colonizado, permanece no contexto cultural e ideológico, permanece como "sombra" introjetada no colonizado.

É exatamente isso o que constitui a colonização da mente. Em uma de minhas visitas de trabalho a Cabo Verde, tive a oportunidade de ouvir um excelente discurso do presidente Aristedes Pereira em que dizia: "Expulsamos o colonizador, mas precisamos agora descolonizar as nossas mentes."

E esse processo de descolonização das mentes é mais demorado do que o da expulsão física do colonizador. Não é um processo automático. A presença do colonizador enquanto "sombra" na intimidade do colonizado é mais difícil de ser extrojetada, porque, ao expulsar a sombra do colonizador, ele tem que, em certo sentido, encher o "espaço" ocupado antes pela "sombra" do colonizador com a sua liberdade[17] mesma, quer dizer, com a sua decisão, com a sua participação na reinvenção da sua sociedade.

No fundo, a luta de libertação, como dizia Amílcar Cabral, "é um fato cultural e um fator de cultura". É um fato profundamente pedagógico, e me arriscaria a dizer que é também uma espécie de psicanálise histórica, ideológica, cultural, política, social, em que o divã do psicanalista é substituído pelo campo de luta, pelo engajamento na luta, pelo

---

[17] A este propósito, ver Paulo Freire, *Pedagogia do oprimido*, 14ª ed. Rio de Janeiro: Paz e Terra, 1985 [50ª edição, São Paulo: Paz e Terra, 2011].

processo de afirmação do colonizado enquanto não mais colonizado, ou das classes dominadas libertando-se. Voltando a nosso problema, a impressão que tenho, no caso da mulher aymara, é de que ela tinha alcançado um certo momento crítico de compreensão da força da ideologia do colonizador que impregnou a sua cultura do medo de comer ovo e de tomar leite, tanto que ela te explicou. A compreensão, porém, ao nível intelectual, não era bastante para superar a presença do colonizador, como tu disseste, que seria assim uma espécie de colonizador caboclo, que passa a repetir ou a enfatizar procedimentos anteriores do colonizador primeiro.

Acho, então, para concluir esse aparte, que a questão colocada pela mulher aymara, como a do nosso companheiro de São Tomé, nos remete a uma compreensão crítica da força da ideologia colonizadora.

Antonio: Penso, Paulo, que não é só uma ideologia que invade as mentes, não é só uma ideologia que se lança sobre as ideias, as crenças.

Paulo: Não, não quis dizer isto.

Antonio: O importante é que essas crenças, essas ideias, se expressam em ações cotidianas, de modo que a libertação não é apenas uma libertação mental.

Paulo: Obviamente, não!

Antonio: É uma libertação corporal, física, também.

Paulo: Exato.

Antonio: Porque não se trata apenas da sombra do colonizador, é também o físico do colonizador que se manifesta no corpo, no físico, do colonizado.

Paulo: Exato, mas é que a sombra do colonizador, no fundo, se transforma na presença física do colonizado. Aí é que está a grande força da ideologia colonizadora, ou de qualquer ideologia. Tendo o poder de opacizar as consciências, não é pura ideia, ela é concretude. Então, o que é sombra do colonizador se transforma em presença dele através do próprio físico do colonizado e de seu comportamento.

ANTONIO: Sim, podemos apresentar muitos exemplos, relacionados principalmente a ações cotidianas, a formas de alimentação, e daí poderíamos entrar na análise da importância da luta cultural como luta política e econômica.

Eis um exemplo: o colonizador introduziu na África alimentos que são produzidos somente na Europa, e que permaneceram como produtos essenciais na alimentação dos povos africanos, como é o caso do pão.

Feito de farinha de trigo ou de aveia ou de gramíneas que existem na Europa, o pão continua a ser a base da alimentação de povos que não produzem trigo. Quando há outros produtos que podem substituir a farinha de trigo que tendo de ser importada, solapa de fato a economia desses países que querem tornar-se independentes da economia imposta do exterior. Por exemplo, nas colônias portuguesas continua-se a consumir vinho português, o que significa um gasto de divisas, quando essas colônias podem recorrer ao vinho de palmeira, bebida que você e eu apreciamos muitíssimo.

Enquanto falávamos, Paulo, eu estava refletindo sobre essa possibilidade de descobrir as diferenças e a possibilidade de contar as experiências que temos vivido, principalmente na África. Penso que seria interessante voltar a falar acerca do papel que o Conselho decidiu nos dar, essa oportunidade de correr o mundo, de participar de experiências diversas tanto do ponto de vista pedagógico como político.

Em minha resenha sobre seu livro, *Der Lehrer*..., eu afirmo que dois elementos contribuíram para que sua prática e sua teoria pedagógica dessem um salto qualitativo. O primeiro deles foi justamente o seu ingresso no Conselho, que, segundo você próprio, significou o encontro de um espaço de liberdade que lhe permitiu desafiar-se a si mesmo quanto à recriação, a uma leitura crítica de seu trabalho anterior; e o segundo elemento foi que também o seu ingresso para o Conselho lhe permitiu o descobrimento da África e toda essa reflexão acarretada pelo descobrimento do Outro: o descobrimento da diferença, do respeito, da tolerância.

Gostaria, Paulo, que você aprofundasse essa análise e nos dissesse se está de acordo quanto ao salto qualitativo de seu trabalho e quanto à possibilidade concreta que o Conselho nos deu para que descobríssemos a *diferença*.

PAULO: Sim, concordo com a análise que tu fazes. Li inclusive a tua resenha. Indiscutivelmente, a possibilidade que tive de, trabalhando no Conselho Mundial de Igrejas, andarilhar pelo mundo, foi de vital importância para mim.

Numa rápida recapitulação, pensemos no seguinte: havia vivido intensamente no Brasil, precisamente no Recife, uma experiência rica, enquanto educador, primeiro como professor de língua portuguesa, depois, como professor de história e filosofia da educação da Universidade do Recife, a que juntei uma atividade permanente, ora em áreas urbanas, ora em áreas rurais, às vezes como educador popular, desde os começos dos anos 1940. Nos anos 1960 participara, com minha geração, de um momento desafiador da história político-social do país, de que tenho falado em alguns de meus trabalhos. Antes do golpe de Estado de abril de 1964, coordenara o Plano Nacional de Alfabetização do Ministério da Educação. Com o golpe, que pôs por terra os sonhos de minha geração e não somente dela, parto para o exílio. Primeiro, a Bolívia. Dois meses na dureza da altitude, para mim insuportável, de La Paz, e sem perspectiva, devido ao golpe ocorrido lá, quinze dias depois da minha chegada. Depois, como já disse, o Chile, onde iniciei um aprendizado realmente rico com o processo histórico chileno, com o povo chileno, com os educadores e educadoras chilenos.

Em 1969, deixo o teu país e me fixo por quase um ano nos Estados Unidos, de onde finalmente, atendendo ao convite do Conselho Mundial de Igrejas, venho para Genebra.

Chego ao Conselho e, sem pretender idealizar a Casa, encontro um ambiente sério, de companheirismo, de lealdade. Jamais surpreendi nos corredores desta casa, nos dez anos em que aqui estive e trabalhei, mesquinharias, inferioridades. Nunca tive notícia de nenhum tipo de crítica a mim ou a ninguém, motivada por inconfessáveis razões. Jamais fui convidado pelo secretário-geral ou pelo diretor do Departamento onde trabalhava para que me sugerissem uma cautela maior nos meus escritos ou pronunciamentos em reuniões oficiais dentro ou fora da Casa.

Reiterando outra afirmação anterior, minha tarefa como consultor especial do Departamento de Educação me levava a grande parte do mundo, atendendo a convites de Igrejas, de movimentos sociais, de governos, de órgãos das Nações Unidas e de universidades.

Creio que isto era suficiente para advertir-me de que estava vivendo um momento importante e singular de minha vida. Um momento realmente desafiador. Teria, percebi imediatamente, de fazer o possível para aproveitar o momento, aguçando a minha curiosidade no sentido de aprender mais.

Evidentemente as novas condições em que comecei a me experimentar, se bem aproveitadas por mim, se constituiriam, como realmente se deu, em algo fundamental para a minha formação permanente.

Assim, quando dizes, na resenha referida, que a minha chegada ao Conselho e a minha "convivência" com a África são momentos importantes em minha formação, estás certo. Não é por acaso que as primeiras ou segundas palavras das *Cartas à Guiné-Bissau* são uma demonstração humilde do que significou para mim o meu encontro com a África, no fundo um reencontro comigo mesmo, com o Brasil. Em última análise, como dizias, ao defrontar os mistérios da África, descobri os meus próprios mistérios, meus segredos de brasileiro exilado. Devo repetir que, a partir desta casa, o contexto africano, o asiático, o latino-americano, o da América Central, o do Caribe, suas lutas em diferentes níveis, tudo isso me desafiou, ao longo dos dez anos de casa, a alcançar uma compreensão mais crítica da educação enquanto ato político e da política enquanto ato educativo.

Me lembro agora de como, no relatório que escrevi após a minha primeira visita à África, chamava a atenção de algo realmente óbvio, mas necessário de ser vivido para que se tenha dele um conhecimento sólido — o quão difícil é recriar uma sociedade. Foi a minha vivência, antes de vir para esta casa (e que se aprofundou e prolongou ao aqui chegar), com o Chile, o Chile pré-Allende e o de Allende, foram as minhas visitas à Tanzânia, à Zâmbia, depois a Angola,

Guiné-Bissau, a São Tomé e Príncipe, a Cabo Verde, à Nicarágua, a Grenada, para falar apenas nestes contextos, que me possibilitaram perceber, mais do que simples leituras de livros, mesmo que ajudado por algumas, a precisão da seriedade, da coerência, da persistência no trabalho, da humildade no engajamento político. A precisão de uma fé vigorosa no Povo e não apenas na exatidão científica.

Recriar uma sociedade é um esforço político, ético e artístico, é um ato de conhecimento. Trabalho pacientemente impaciente, como diria Amílcar Cabral.

A compreensão das diferenças, a questão da tolerância, tudo isso veio sendo posto a mim na longa experiência do exílio, de que a maior parte do tempo vivi nesta casa e nesta cidade de Genebra.

Finalmente, ao falar de minha passagem por essa casa, gostaria de referir-me uma vez mais às amizades que aqui cultivei e que conservo, apesar da distância em que me acho agora.

ANTONIO: Ao ouvi-lo, sinto-me como se ouvisse uma parte de minha própria história com relação ao Conselho. Todos esses aspectos positivos, tanto intelectuais como afetivos, revivo-os desde minha chegada aqui ao Conselho. Não me parece necessário fazer um discurso mais ou menos idêntico ao seu. O que eu teria a acrescentar é somente que estou aqui há apenas dois anos, que estou na pré-história *(ri)* diante da sua, que já é história; mas, se é certo que essas histórias têm aspectos comuns, apresentam também aspectos diferentes.

Nossas experiências são únicas, dentro de elementos comuns, mas também são diferentes. Nesse sentido, creio que essas diferenças estão dadas pela personalidade de cada um de nós, pela diversidade de nossa formação, de nossas maneiras particulares de responder tanto intelectual como politicamente. Se mantemos esse diálogo, é porque somos iguais e diferentes a um só tempo.

Paulo: Correto.

Antonio: E é justamente a diferença que nos permite dialogar. As condições históricas mudaram e, por conseguinte, nossas experiências são historicamente distintas. Já não é a época da euforia da libertação dos povos africanos; é a época da consolidação ou não da independência; é a época da consolidação das pressões políticas e econômicas dos centros de poder.

Paulo: Perfeito!

Antonio: É a época da crise internacional, em que essa euforia da independência vai adquirindo consciência das enormes dificuldades de libertar-se. Mas, além dessa tomada de consciência dos limites históricos em um momento de crise da economia internacional, há vislumbres de esperança, como é o caso da Nicarágua, que acredito temos de citar. A esperança renasce permanentemente, são outras as esperanças.

Paulo: E outras razões, às vezes; às vezes, as mesmas.

Antonio: Às vezes, as mesmas; outras vezes, diferentes. Nesse sentido, repito, nossas experiências são semelhantes, embora diferentes — e é bom que seja assim.

Paulo: Exato.

Antonio: Porque senão nos reduziríamos a um plano de igualdade em que os diálogos se tornariam impossíveis.

Penso que uma das características de seu trabalho (e eu bem que gostaria que fosse uma característica de meu trabalho) é essa necessidade que você sente de criticar-se a si mesmo, de sempre se colocar em questão, de desconfiar constantemente de seu trabalho, nos planos prático e teórico, de propor a si mesmo novas perguntas e novas respostas, e nunca declarar numa atitude de conformação: "Alcancei o absoluto."

Muitas das críticas que lhe fizeram são injustas, no sentido de que não se considerou seu trabalho como um processo, mas como um resultado. Isto é duplamente errôneo, porque você mesmo considera seu trabalho como processo e não como resultado. Ou seja, é você próprio que se critica. E basta acompanhar seus textos para perceber que você próprio é o mais exigente dos críticos com relação ao seu trabalho intelectual, prático-teórico.

Gostaria, então, provocando essa sua capacidade crítica, de desafiá-lo a fazer uma leitura de um trabalho seu, as *Cartas à Guiné-Bissau*. Para isso, proponho retomar os nossos primeiros diálogos, travados no ano de 1979. Recordo-me que, num deles, Lígia Chiappini fez algumas afirmações sobre seu trabalho. Segundo ela, há nele uma espécie de elucidação permanente. Isto é, cada livro clarifica o anterior. À nossa amiga Lígia parecia que, nas *Cartas à Guiné-Bissau*, por exemplo, está mais claro o que você entende por *oprimido* do que na *Pedagogia do oprimido*. E você lhe respondeu: "Também acho que seja assim, que se dê assim, da mesma forma como, na *Pedagogia do oprimido*, ilumino certos pontos mais obscuros de trabalhos anteriores, para maior clareza de determinados conceitos." (Vemos aqui, Paulo, a necessidade permanente que você tem de aclarar-se a si mesmo, de se questionar.) "Por isso", acrescentava você, "as críticas que se fundam em certos conceitos, tomados isoladamente, são infundadas, porque é preciso ver o meu trabalho como processo e não como um resultado dado para sempre. Afinal, ainda não morri", concluía.

E então, eu lhe fiz a seguinte observação: "Eu li três livros seus: *Educação como prática da liberdade*, *Extensão ou comunicação?* e a *Pedagogia do oprimido*, mas infelizmente não li as *Cartas à Guiné-Bissau*." Na oportunidade, eu lhe disse que via nesses trabalhos "uma falta de análise sociológica mais profunda. O conceito de oprimido, por exemplo, me parece um conceito muito abstrato; inclusive o conceito de classe social também está empregado de maneira abstrata nesses três livros". E você concordou com a minha análise.

E eu acrescentei: "O problema está em definir como esses conceitos operam na realidade, está em vê-los funcionar na realidade, ou como respondem a uma realidade concreta, multifacetária. Sem dúvida, há uma superação dessa abstração dos conceitos, desde as primeiras até as obras mais recentes. Em seus livros, vê-se um processo de surgimento de conceitos sociológicos, com a intenção de apanhar, de compreender cada vez mais a realidade concreta." Mas, continuava em minhas observações, "ainda não se alcançou, no entanto, a precisão necessária. E isto está ligado ao problema do abstrato enquanto tal, como, por exemplo, a questão da luta de classes, necessária a uma visão sociológica mais científica de *determinada* sociedade".

"Há análises que parecem precisas, mas que, entretanto, são bastante abstratas; talvez a sua utilização de certos conceitos abstratos se explique porque são tomados das leituras que você tenha feito. Por exemplo, para explicar o emprego de conceitos abstratos, a partir de leituras diferentes, podemos estudar a utilização que você faz de Erich Fromm, no sentido de que você toma, desse estudioso, o homem como conceito, tendo esse conceito um conteúdo abstrato, tanto em Fromm como no uso que você faz do conceito."

Penso, no entanto, que esse é o grande problema de todos os intelectuais: uma prática nova, inédita, não está necessariamente acompanhada da criação de uma nova conceituação que a explique. Agora que já li as *Cartas à Guiné-Bissau*, eu o desafiaria *(risos)* a continuarmos aquele diálogo, a juntos fazermos uma reflexão sobre essa obra, para ver de que maneira poderíamos entrar numa leitura crítica dessas cartas.

Confesso que li duas ou três vezes as *Cartas* e, na última vez, eu as li fazendo anotações críticas sobre elas. A ideia de fazer uma leitura crítica de suas *Cartas* me nasceu porque em minhas viagens pela América Latina, descobri que se trata de uma obra lida por educadores populares, que têm procurado usar as ideias, os sonhos possíveis que você propõe, aplicando-os à realidade latino-americana, para fazer uma experiência pedagógica transformadora.

Recordo-me inclusive do lugar onde fiz a última dessas leituras. Você sabe o quanto é difícil para nós, exilados, conseguir visto para certos países latino-americanos. Recordo-me de que, indo para a Bolívia, tive de me deter no Peru, no aeroporto de Lima, onde fui obrigado a esperar sete ou oito horas. Eu pedira ao governo peruano que me desse um visto para dormir, que no entanto me foi negado; tive, então, de passar sete ou oito horas no aeroporto de Lima, onde minha refeição foi apenas um sanduíche *(risos)* e uma bebida a que chamam inca-coca. Mas você bem sabe que viajantes como somos, temos de aproveitar o tempo. *(risos)* Propus-me então, naquelas sete horas, o exercício de empreender uma leitura crítica, uma nova leitura de seu livro.

Tenho o costume, nessas viagens, não só de fazer críticas dos livros que leio, como também de escrever tudo o que me ocorre, numa espécie de diário de viagem, em que registro certos elementos importantes que sempre surgem. Para começar a leitura crítica das *Cartas a Guiné-Bissau*, gostaria de ler essas notas um pouco desordenadas, feitas após uma viagem de vinte e tantas horas. Eu vou lê-las tal qual as escrevi.

"Nessa longa espera no aeroporto, leio as *Cartas à Guiné--Bissau*, de Paulo Freire. São um bom documento, que no entanto mostra apenas o começo de um processo ainda não encerrado. Essa visão geral do processo teria permitido analisar os diferentes problemas, agudos e sérios, que apareceram na experiência completa. As *Cartas* são um bom começo teórico, uma boa proposta teórica, interessantes sonhos teóricos de uma experiência que depois apresentou sérias dificuldades para se realizar. Penso que caberiam aqui umas observações críticas.

"Primeiro, os sonhos propostos não consideram em profundidade o problema cultural do país, que é multicultural e não de uma só cultura. Faltaria, neste sonho ou nestes sonhos possíveis, um conhecimento profundo das culturas que informam essa nação nascente que se chama Guiné-Bissau, conhecimento necessário para aprender os elementos essenciais das culturas que permitam a elaboração de projetos políticos, culturais e econômicos de desenvolvimento que possam ter êxito na transformação da sociedade.

"A segunda observação é que, nestas *Cartas*, há uma sombra, um fantasma do modelo ocidental de sociedade, ainda que esse modelo seja uma sociedade socializante, de caráter socialista. O outro problema seria o das línguas, que Paulo afirma ser 'um fato importantíssimo a ser considerado'. No entanto, creio que essa enunciação do fato importantíssimo não é desenvolvida, porque na época havia um desconhecimento de todos quanto à existência do problema das línguas autóctones."

PAULO: Não, não havia um desconhecimento do problema como dizes.

Na segunda carta que escrevi a Mário Cabral, dizia: "Finalmente, entre outros tantos aspectos que vêm sendo discutidos por nós e a que não fiz referência na carta de hoje, há um outro que nos preocupa: o linguístico. Preferimos, contudo, discuti-lo pessoalmente, tal a sua complexidade." Mais para frente, esclarecerei melhor o tema.

ANTONIO: Muito bem, muito bem.

PAULO: Na verdade há algo a dizer sobre o problema.

ANTONIO: Esse desconhecimento, que você me diz que não era tal desconhecimento, e a necessidade política e histórica de propor a língua portuguesa como *a* língua.

PAULO: Mas não fiz tal proposta. A situação concreta em que se achava o país é que levou a liderança do PAIGC a adotar a língua portuguesa como língua oficial e a língua crioula, como língua nacional.

ANTONIO: Exatamente. E, nesse sentido, a crítica que podemos fazer com relação a esse livro é no sentido de descobrir essa sua parte invisível. *(risos)*

PAULO: Há sempre algo invisível a ser desvelado.

ANTONIO: O qual é importante para não permitir uma leitura simples e errada.

PAULO: Ok.

ANTONIO: Então, a questão político-histórica que você coloca, de que os líderes escolham a língua portuguesa como veículo para a alfabetização, traz problemas essenciais que depois irão permitir desembocar num relativo fracasso da alfabetização.

Agora, fazendo uma crítica um pouco externa ao livro, eu diria que um de seus defeitos talvez seja não mostrar esse mistério do livro, essa sombra do livro, esse não eu do livro, que no entanto lhe está incorporado de modo abstrato ou latente. Além disso, a participação dos alfabetizandos em sua própria formação não é vista como um elemento essencial.

PAULO: Creio que deves reler o livro. Em primeiro lugar, caro Antonio, uma das marcas fundamentais de minha prática político-pedagógica vem sendo a defesa intransigente de que a educação radical, revolucionária, não é um quefazer para as classes populares, mas com elas. A *Pedagogia do oprimido* está cheia de análises e afirmações em torno deste princípio. O *Ação cultural para a liberdade e outros escritos*, também, como o livro que criticas. Na página 77, que abro agora ao acaso, referindo-me à experiência de Sedengal, digo: "É esta assunção do projeto pela comunidade a que explica, ainda, a presença desta, através sempre da maioria de seus habitantes, às reuniões periódicas que membros da comissão coordenadora realizam em Sedengal com os animadores dos Círculos de Cultura. Reuniões de avaliação de que aparentemente deviam participar apenas os animadores, mas às quais a comunidade, com o maior dos interesses, se incorpora."[18]

ANTONIO: De sorte que, no fundo, o partido tem uma participação bem mais ativa. Não digo que não se insista na participação do alfabetizando, mas na medida em que o livro não insiste na necessidade de penetrar-se pela cultura do outro, que parta do outro, a participação, então, não é uma participação ativa.

PAULO: Não me pareces certo.

ANTONIO: Penso que são estas as críticas a que você poderia começar a responder da última para a primeira, como quiser.

PAULO: Gostaria de deixar muito claro que, ao não concordar com tuas críticas, não estou assumindo a posição de quem simplesmente se sente mal ao ser criticado. De modo nenhum. O que não me parece possível é aceitar que nas *Cartas à Guiné-Bissau* não haja insistência com respeito às expressões culturais dos educandos. Este ponto, como o anterior, é de tal maneira presente em meus trabalhos, que seria de estranhar se não tivesse aparecido direta ou indiretamente, explícita ou implicitamente no livro.

Na primeira carta a Mário Cabral, digo algo que sugere e sublinha o contrário de tua crítica: "Na perspectiva libertadora, que é a da Guiné-Bissau, que é a nossa, a alfabetização de adultos, pelo contrário, é a continuidade do esforço formidável que seu povo começou a fazer, há muito irmanado com seus líderes para a conquista de *Sua Palavra*. Daí que, numa tal perspectiva, a alfabetização não possa escapar do seio mesmo do povo, de sua atividade produtiva, de

---

[18] Paulo Freire, *Cartas à Guiné-Bissau*. Rio de Janeiro: Paz e Terra, 1977, p. 77 [5ª ed. São PAULO: Paz e Terra, 2011, p. 117].

sua cultura, para esclerosar-se na frieza sem alma de escolas burocratizadas."[19]

Se consideras, por exemplo, a própria metodologia do trabalho que realizamos na Guiné-Bissau, desde a nossa primeira visita, em que tomamos a realidade do país como se fosse uma codificação ao vivo, cuja "leitura" tentamos fazer com os companheiros nacionais somente a partir de que, ainda com os nacionais, foi possível ensaiar um programa mínimo e sempre flexível de ação, percebes a nossa opção pela participação e o nosso respeito à cultura local.

E, se fizemos isto e disto falei exaustivamente no livro todo, seria uma tremenda contradição não haver enfatizado a necessidade e o respeito à cultura do outro.

A participação efetiva do educando no processo de sua educação, a preocupação com suas expressões culturais, tudo isso, meu caro Antonio, está insistentemente referido no livro. Nas análises que faço da escola de Có, um dos aspectos que mais saliento é exatamente a participação dos estagiários no trabalho produtivo, mas também na organização curricular.

ANTONIO: Tanto o projeto do Ministério da Saúde como o do Ministério do Desenvolvimento haviam considerado justamente as necessidades e as formas de resposta, as necessidades das diferentes culturas para elaborar...

PAULO: Não estou certo. No fundo, assessorávamos diretamente o Ministério da Educação. Nos estendíamos aos demais por ser impossível tomar a educação em si mesma.

Me lembro, porém, nas minhas conversas com Ladislau Dowbor, da defesa que ele fazia de projetos de desen-

---
[19] Id., ibid., p. 92.

volvimento que, centrados nas necessidades das áreas rurais, se fundassem na participação total das suas populações. Ele vinha propondo ao governo projetos de desenvolvimento que respeitassem as expressões culturais das populações. Me recordo das trocas de ideias, em caráter naturalmente particular, pois que não tínhamos nem podíamos ter força de decisão, em torno da possibilidade de vincularmos o esforço educativo ao do desenvolvimento nas áreas em que os projetos fossem postos em ação.

Nem sempre, porém, todas as coisas que se vivem numa prática vêm à tona quando dela se fala. Às vezes porque, no ato de escrever, escapam; às vezes porque, no momento da redação, não pareciam fundamentais; às vezes porque taticamente não devessem ser explicitadas, na época.

Falarei em seguida de um problema que não ficou elucidado no livro — *o problema da língua*. É possível até que eu tenha errado por não haver, então, falado claramente da questão por motivo tático. De qualquer modo, não me arrependo da maneira como me comportei.

É interessante, contudo, que tenhas feito essas críticas — mesmo que não as aceite — porque com elas me possibilitas aclarar, sobretudo quanto à questão da língua, aspectos importantes.

ANTONIO: Paulo, estou muito contente que estejamos tendo este diálogo, em virtude da possibilidade de aprofundar a compreensão do livro e da experiência; a leitura que faço das *Cartas* não é uma leitura absoluta; cada vez que leio um livro faço leituras diferentes.

PAULO: Claro.

Antonio: Eu lhe dizia que, dentre todas as causas que me haviam levado a ler criticamente as *Cartas*, uma se relaciona ao uso crítico talvez de suas ideias para sua aplicação na América Latina.

Paulo: É, isso ocorre igualmente com outros livros, e com livros de outros autores. De qualquer maneira, é preciso dizer que um sem-número de reflexões teóricas feitas no livro tem que ver com a América Latina também.

Antonio: E segundo, porque entendo que exista um abismo muito grande entre os sonhos propostos por você e os resultados do trabalho concreto da alfabetização e da pós-alfabetização.

Paulo: Não creio que haja um abismo tão grande...

Antonio: Eu diria, então, que as respostas à crítica de seu livro deveriam ser feitas em função desse abismo que existe entre o proposto como sonho possível e o resultado real da experiência educativa na Guiné-Bissau.

Paulo: O que acabas de dizer me provoca a seguinte consideração: afinal, nestes dois dias de diálogo, temos feito uma série de reflexões em torno de sonhos que nos parecem possíveis e pelos quais lutamos. Obviamente, não falamos deles aqui por falar, mas para desafiar os prováveis leitores deste livro dialógico a que os assumam também. Vamos admitir que daqui a seis, sete anos, um leitor nos diga que há uma distância enorme entre os sonhos de Antonio Faundez e Paulo Freire, com relação à reorientação da economia, da produção, da reinvenção do poder e os fatos históricos concretos. Creio que a distância, se for isto dito, entre o sonho e o concreto do hipotético leitor, não invalidará, porém, o nosso sonho de hoje. Da mesma forma, sonhos de Amílcar

Cabral não se invalidaram porque não foram ainda realizados. A solidariedade universal da classe trabalhadora está longe de concretizar-se, mas é necessária e por ela temos de lutar. As propostas mesmas que fazes entre as análises do livro que escreveste para a pós-alfabetização em São Tomé e Príncipe não perdem igualmente a sua validade porque não foram ainda postas em prática.

Gostaria agora de me fixar um pouco na questão da língua, que tem que ver com certo tipo de crítica, às vezes feita, que proclama o fracasso do chamado método Paulo Freire na Guiné-Bissau. Já houve também quem dissesse que a minha salvação no Brasil foi o golpe de 1964...

O que não poderíamos ter feito, a equipe do IDAC e eu, era o milagre, não importa com que método, de alfabetizar um povo numa língua que lhe era estranha. Em Cabo Verde e em São Tomé e Príncipe, onde há bilinguismo, de que o português é um dos polos, sobretudo em São Tomé, as propostas que fizemos, necessariamente adequadas aos contextos, funcionaram e continuam funcionando.

Nossa preocupação com a questão da língua nos tomava desde o começo do trabalho. A ela fiz referência numa das primeiras cartas a Mário Cabral, então ministro da Educação.

Creio que, na terceira visita que fizemos à Guiné-Bissau, comecei a perceber as dificuldades apresentadas pelos grupos populares no aprendizado da língua portuguesa. Dificuldades que contradiziam as primeiras informações que nos haviam dado, no início, em resposta à nossa inquietação em face do problema da língua.

De modo geral, todas as vezes em que íamos à Guiné-Bissau, o camarada presidente, na época, Luís Cabral, nos recebia. Conversávamos livremente sobre o país, sobre os obstáculos com que o governo se defrontava no processo de reconstrução nacional. Eram conversas em que ele, mesmo discretamente, nos falava de um sem-número de problemas que o país enfrentava para manter resguardado e fiel o sonho de independência por que seu povo lutara.

Na segunda visita ou terceira, pouco importa, Mário Cabral, que sempre nos acompanhava, colocou ao presidente a ideia sobre a qual conversáramos antes com ele, de criar-se um Conselho a que o presidente presidisse, composto por representantes dos vários comissariados ou ministérios e das Forças Armadas. A tal Conselho caberia traçar a política de alfabetização de adultos. Através do Conselho, pensávamos, se poderia levar o governo todo, e não apenas o Ministério da Educação, a assumir uma responsabilidade indispensável perante o problema da alfabetização. Por outro lado, o Conselho poderia provocar a necessária solidariedade entre a alfabetização e as demais áreas de ação governamental.

A conversa, cujo tema interessou ao presidente, se estendeu por mais de uma hora. Em certo momento, disse ele: "Camarada Paulo Freire, hoje, quando falo português por algum tempo, a cabeça me dói."

Ao próprio presidente, que frequentara, na infância e na adolescência, escolas coloniais, que falava e escrevia fluentemente o português, lhe doía a cabeça se se expressava demoradamente em português...

Pouco tempo depois se instalava o Conselho oficialmente, com a presença do presidente. Falando na ocasião, me manifestei pela primeira vez, em público, em torno do problema da língua. Chamei a atenção para o lugar de destaque a ser ocupado pelo problema da língua na política de cultura do país. Uma política, pensava eu, que, estimulando de igual modo as expressões linguísticas dos diferentes grupos étnicos, se orientasse no sentido da disciplina escrita do crioulo a ser realizada por linguistas competentes e engajados. Me lembro ainda de que comentei a vantagem que a Guiné-Bissau, Cabo Verde e São Tomé e Príncipe, neste campo, tinham sobre Angola e Moçambique — a de terem o crioulo.

Reconhecia obviamente o que significava de esforço, de saber, de investimento e de luta fazer que o crioulo assumisse o papel de língua nacional. Mas sabia também que, mesmo reconhecendo a minha posição delicada de assessor estrangeiro, não podia deixar de expressar aquele ponto de vista que era meu e também da equipe do IDAC com a qual trabalhava.

A questão que se colocava não era a de negar totalmente a importância da língua portuguesa. Isto seria ingênuo. Mas a de não atribuir-lhe, por muito tempo, o papel de mediadora da formação do povo. Deveria chegar o momento em que o português seria estudado nas escolas como língua estrangeira privilegiada. Estes pontos de vista expressei também em São Tomé e Cabo Verde, ora em conversas com educadores nacionais, ora com ministros, ora em entrevistas.

Na fala a que me refiro, no ato da instalação do Conselho, cheguei mesmo a fazer referência à afirmação feita pelo presidente de que lhe doía a cabeça quando, por algum tempo prolongado, tinha de se expressar em português. E lhe doía a cabeça, lhe dizia eu, porque a sua estrutura de pensar era outra.

Dois dias depois, por coincidência ou não, o jornal oficial, que costumava, num esforço louvável de divulgação do pensamento de Amílcar Cabral, publicar textos seus, reeditou um, em que ele dizia que o "português é uma das melhores coisas que os tugas (portugueses) nos deixaram".[20] Era como se estivessem dizendo-me que seria melhor não entrar naquela discussão. O tema na verdade era demasiado delicado. O fato, porém, é que nos esforçávamos ao máximo em debater a questão, pondo-nos, é claro, nos limites que devíamos respeitar. Passamos então a manter conversações amiudadas com Mário Cabral, da Educação, e Mário de Andrade, presidente do Conselho Nacional da Cultura, com *status* de ministério. Chegamos a sugerir a vinda a Bissau de linguistas especialistas para debater o assunto com Cabral e Andrade, e o IDAC financiaria, como de fato financiou, a viagem de, se não me falha a memória, dois linguistas: um belga; o outro, africano, ambos do Instituto de Línguas de Dacar.

Fizemos algo mais: participamos ativamente da ideia e da realização do Primeiro Encontro dos Cinco Países Irmãos,[21] em Bissau, para a avaliação do que vinham fazendo em educação. Nossa intenção era sublinhar, na análise das políticas culturais dos cinco países — um dos temas do encontro — a questão da língua. Conseguimos também trazer ao encontro, que foi um sucesso, os linguistas de quem falei antes.

Recentemente, em conversa com Miguel D'Arcy de Oliveira, diretor do IDAC, fui informado de que, financiados pelo

---

[20] Amílcar Cabral, *PAIGC: Unidade e luta*. Lisboa: Publicações Nova Aurora, 1974. Ao afirmar que "a língua não é prova de mais nada, senão um instrumento para os homens se relacionarem uns com os outros", Amílcar Cabral deixava de perceber lamentavelmente a natureza ideológica da linguagem, que não é algo neutro como lhe pareceu no texto citado. Esta é uma das raras afirmações da obra de Cabral que jamais pude aceitar.
[21] Guiné-Bissau, Cabo Verde, Angola, São Tomé e Príncipe e Moçambique.

Instituto, se acham hoje na Guiné-Bissau linguistas — não sei se os mesmos — acelerando os estudos em torno do crioulo.

Seria um absurdo, uma inverdade, dizer que esta orientação política em favor do crioulo, que tem repercussões indiscutíveis na afirmação nacional, foi obra nossa, do IDAC e minha. Mas o que não se pode negar é que a presença desses linguistas hoje, lá, tem que ver com a nossa passagem por lá, que não foi assim tão negativa.

Chegou um momento em que nos pareceu fundamental pôr no papel, de maneira sintética, o que vínhamos dizendo em torno do problema da língua em reuniões ou em conversas com Mário Cabral, com Mário de Andrade, com o presidente e com os jovens que compunham a equipe nacional responsável pela execução dos trabalhos de alfabetização.

Escrevi então a Mário Cabral, em julho de 1977, uma longa carta, até hoje não publicada, e que reproduzirei na íntegra no corpo mesmo desse diálogo. Nela, chamava a atenção do governo, do partido, ainda que não me dirigisse diretamente a eles, para o seguinte: no momento em que uma sociedade, por *n* razões, pede à língua do colonizador que assuma o papel de mediadora da formação de seu povo, isto é, que o conhecimento da biologia, da matemática, da geografia, da história se faça através dela, no momento em que a sociedade, libertando-se do jugo colonial, é obrigada a fazer isso, tem de estar advertida de que, ao fazê-lo, estará, querendo ou não, aprofundando as diferenças entre as classes sociais em lugar de resolvê-las.

Poderia ter acrescentado, na carta, que hoje seria possível prever, mais ou menos, nas mãos de quem estará o poder amanhã: possivelmente, mais uma vez nas mãos de uma pequena burguesia urbana, falando talvez uma das línguas nacionais, o crioulo também, mas dominando o português. É que hoje as crianças com esse domínio levam nítida vantagem nas escolas sobre as que não o têm, exatamente os filhos dos trabalhadores rurais e urbanos. No momento da avaliação do aproveitamento, sobretudo com a insistência nos métodos de avaliação fundados nos discursos intelectualistas, serão sempre superadas as crianças com pouco domínio da língua portuguesa.

Eis a carta a Mário Cabral, de julho de 1977:

> Desde o primeiro momento em que começamos o nosso diálogo, através das primeiras cartas que lhe fiz, diálogo que não apenas continuou e se aprofundou, mas que também se vem estendendo a outros camaradas, uma preocupação constante nos acompanhou: a de jamais nos vermos, em nossa colaboração à Guiné e ao Cabo Verde como "expertos internacionais", mas, pelo contrário, como militantes. Como camaradas, engajando-nos mais e mais, no esforço comum de reconstrução nacional. O que quero dizer com isto ou reafirmar é que, para nós, não só individualmente, mas enquanto equipe, seria impossível um tipo de colaboração em que funcionássemos como "consultores técnicos", desapaixonadamente. Assim também, por outro lado, é que vocês todos nos receberam. Assim também é que vocês entenderam, desde o princípio, a nossa presença aí. O que vocês queriam e esperavam de nós era o que buscávamos fazer e ser.

Não tivesse havido esta coincidência e, não raro, poderíamos ter sido tomados como impertinentes, num ou noutro momento de nosso trabalho em comum, quando o que sempre nos moveu foi e continua a ser o nosso espírito de militância.

É com este mesmo espírito que lhe escrevo mais esta carta. Carta que, embora escrita e assinada por mim, sumaria a posição de toda a equipe e se constitui numa espécie de relatório, mesmo incompleto, de nossa última reunião em Genebra, em que tentamos um balanço das atividades a que temos estado tão ligados na Guiné-Bissau.

Recordemos aqui, ainda que rapidamente, como necessidade didática, alguns dos pontos que, juntos, o Comissariado de Educação e nós vimos estabelecendo como fundamentais, desde os começos de tais atividades:

a) a alfabetização de adultos, como toda educação, é um ato político, não podendo, por isso mesmo, ser reduzida ao puro aprendizado mecânico da leitura e da escrita;

b) o aprendizado da leitura e da escrita de textos, em coerência com a linha política do PAIGC, com a qual concordamos, implica a compreensão crítica do contexto social a que os textos se referem; demanda a "leitura" da realidade através da análise da prática social dos alfabetizandos, de que o ato produtivo é uma dimensão básica. Daí a impossibilidade de separar-se a alfabetização e a educação em geral da produção e, por extensão necessária, da saúde;

c) a introdução da palavra escrita em áreas onde a memória social é exclusiva ou preponderantemente oral pressupõe transformações infraestruturais capazes de tornar necessária a comunicação escrita. Daí a necessidade que se teve de estabelecer as áreas prioritárias para a alfabetização, isto é, aquelas que estivessem sofrendo tais transformações ou por sofrê-las a curto prazo.

Tomando estes itens como campo de referência para a análise do que foi possível fazer neste ano e pouco de experiências, de que tanto temos aprendido, resulta óbvio que o ponto central, o problema maior a ser pensado e discutido, é o da língua.

Em várias oportunidades, não somente em cartas, mas também em reuniões de trabalho, aí, a questão da língua foi discutida. Debatêmo-la no seio mesmo da Comissão Nacional, na sessão de sua instalação e, uma vez mais, na última de suas reuniões, se não me equivoco. Poucas não foram, por outro lado, as vezes em que tratamos este problema com os membros da Comissão Coordenadora, voltando a ele, aí, em junho passado, numa das reuniões de estudos a que você presidiu e de que Mário de Andrade participou, juntamente com camaradas de outros setores do Comissariado de Educação. Reunião em que Marcos Arruda[22] propôs, num pequeno texto, algumas sugestões a propósito. Poderia, finalmente, citar ainda a última conversa que tivemos com o camarada presidente, cujo núcleo principal foi a língua.

---

[22] Membro da equipe do IDAC, na época.

Há um ano e pouco, se não estamos interpretando mal a política do governo, se pensava que seria viável a alfabetização em língua portuguesa, mesmo reconhecendo-se o crioulo como língua nacional. A razão radical para a alfabetização na língua estrangeira era a inexistência ainda da disciplina escrita do crioulo. Enquanto esta disciplina não fosse alcançada, pensava-se não havia por que deixar o povo iletrado. Os próprios resultados que se vinham obtendo com a alfabetização em português, no seio das FARPs,[23] reforçavam esta hipótese.

O que a prática, porém, vem evidenciando é que o aprendizado da língua portuguesa se dá, mesmo com dificuldades, nos casos em que esta língua não se acha totalmente estranha à prática social dos alfabetizandos, o que é, de resto, óbvio. Este é, exatamente, o caso das FARPs, como o de certos setores de atividades de centros urbanos como Bissau. Mas este não é o caso dos centros rurais do país, em que se encontra a maioria esmagadora da população nacional, em cuja prática social a língua portuguesa inexiste. Na verdade, a língua portuguesa não é a língua do povo da Guiné-Bissau. Não é por acaso que o camarada presidente se cansa, como nos afirmou, quando tem de falar, por longo tempo, em português.

O que se vem observando, nas zonas rurais, apesar do alto nível de interesse e de motivação dos alfabetizandos e dos animadores culturais, é a impossibilidade

---

[23] Forças Armadas Populares.

do aprendizado de uma língua estrangeira como se ela fosse nacional. De uma língua virtualmente desconhecida, pois que as populações, durante os séculos de presença colonial, lutando por preservar sua identidade cultural, resistiram a ser "tocadas" pela língua dominante, no que foram "ajudadas" pela maneira como os colonizadores se comportaram quanto à organização das forças produtivas do país. O uso de suas línguas deve ter sido, por muito tempo, um dos únicos instrumentos de luta de que dispunham. Não é de estranhar, pois, que os próprios animadores culturais destas mesmas zonas dominem precariamente o português. De estranhar seria que, em tais circunstâncias, o aprendizado da língua portuguesa se estivesse dando, mesmo razoavelmente, apenas.

Se há uma área, por exemplo, de cujo esforço de alfabetização era legítimo esperar os melhores resultados, esta área é Có. O Centro Máximo Górki, integrando-se cada vez mais à vida das comunidades em torno dele, contando com professores efetivos e estagiárias com alto nível de consciência política, tinha todas as condições necessárias para tornar-se um núcleo de apoio aos trabalhos de alfabetização. O que se observou, porém, ao longo da experiência e se comprovou em junho passado com a avaliação feita por Augusta[24] e Marcos Arruda é que os alfabetizandos, durante os largos meses de esforço, não conseguiram fazer outra coisa senão uma caminhada cansativa em torno das palavras geradoras.

---

[24] Membro da equipe do Comissariado de Educação.

Marchavam da primeira à quinta; na quinta, haviam esquecido a terceira. Voltava-se à terceira e se percebia que haviam olvidado a primeira e a segunda. Por outro lado, ao procurarem criar palavras com as combinações silábicas de que dispunham, raramente o faziam em português. Eu mesmo tive a oportunidade de ver palavras portuguesas, mas cuja significação era outra, completamente, pois era em mancanha[25] que pensavam. Por quê? Porque a língua portuguesa não tem nada que ver com sua prática social. Na sua experiência cotidiana, não há um só momento, sequer, em que a língua portuguesa se faça necessária. Nas conversas em família, nos encontros de vizinhos, no trabalho produtivo, nas compras no mercado, nas festas tradicionais, ao ouvir o camarada presidente, nas lembranças do passado. Nestas, o que deve estar claro é que a língua portuguesa é a língua dos "tugas", de que se defenderam durante todo o período colonial.

Poder-se-ia argumentar que esta dificuldade no aprendizado se deve à inexistência de materiais de suporte. O que nos parece, porém, é que a falta desses materiais, no sentido mais amplo possível, que poderia ser, em outras circunstâncias, a causa principal do fato, nesta é puramente adjetiva. O que quero dizer é que, mesmo dispondo de um bom material de ajuda, como teremos com o Caderno de Educação Popular, os resultados seriam apenas pouco melhores. É que o Caderno, enquanto material de suporte, em si, não é capaz de superar a razão fundamental,

---

[25] Uma das línguas nacionais.

substantiva, da dificuldade: a ausência da língua portuguesa na prática social do povo. E esta língua estrangeira — o português — não faz parte da prática social das grandes massas populares da Guiné-Bissau na medida em que não se insere em nenhum dos níveis daquela prática. Nem no nível da luta pela produção, nem no dos conflitos de interesses, nem no da atividade criadora do povo. O aprendizado de uma língua estrangeira se impõe a pessoa ou a grupos sociais, como uma necessidade, quando, em pelo menos num desses níveis, este aprendizado se torna importante.

Insistir, pois, em nosso caso, no ensino do português, significa impor à população um esforço inútil e impossível de ser alcançado.

Não seria demasiado — pelo contrário, absolutamente indispensável — alongar um pouco mais estas considerações em torno da língua, no quadro da reconstrução nacional, da criação de uma sociedade nova em que se elimine a exploração de uns por outros, de acordo com os ideais maiores que sempre animaram o PAIGC. Ideais com a encarnação dos quais o PAIGC se veio forjando como vanguarda autêntica do povo da Guiné e Cabo Verde.

A manutenção, por muito tempo, da língua portuguesa, mesmo que se lhe chame, apenas, de língua oficial, mas com prerrogativas, na prática, de língua nacional, pois que é através dela que se vem fazendo parte substancial da formação intelectual da infância e da juventude, trabalhará contra a concretização daqueles ideais.

Sublinhemos que não pretendemos dizer com isto que o partido e o governo devessem ter suspendido todas as atividades educativo-sistemáticas do país, enquanto não contassem com o crioulo escrito. Isto é tão absurdo que não pode sequer ser pensado. Enfatizamos, sim, é a urgência de tal disciplina que viabilizará, em termos concretos, o crioulo como língua nacional, de que resultará que o português, no sistema educacional do país, assumirá, pouco a pouco, o seu estatuto real — o de língua estrangeira e, como tal, será ensinada.

Na medida, ao contrário, em que o português continuar a ser, no sistema educacional, a língua que mediatiza grande parte da formação intelectual dos educandos, será bastante difícil uma real democratização desta formação, apesar dos esforços indiscutíveis que se vêm fazendo e que se continuará a fazer neste sentido. A língua portuguesa terminará por estabelecer um corte social no país, privilegiando uma pequena minoria urbana com relação à maioria esmagadora da população. Será indubitavelmente mais fácil àquela minoria, com acesso ao português por sua própria posição social, avantajar-se à maioria na aquisição de certo tipo de conhecimento, bem como na expressão oral e escrita, com que satisfaz um dos requisitos para a sua promoção nos estudos, com n consequências que podem ser previstas.

Que fazer como resposta a este desafio, sobretudo quando se conta com a vantagem, que nem sempre ocorre, da existência de uma língua de unidade nacional, o crioulo? Que política de ação poderíamos adotar, adequada aos dados concretos desta realidade? Não tendo a pretensão de responder a estas questões, em sua complexidade, questões que envolvem a política cultural e educacional do país, nos limitamos, apenas, a algumas sugestões, a título de colaboração humilde, que fazemos enquanto camaradas.

Em primeiro lugar, nos parece urgente concretizar o que você e Mário de Andrade vêm pensando, e a que me referi acima, isto é, a disciplina escrita do crioulo, com o concurso de linguistas que sejam igualmente militantes.

Enquanto este trabalho de disciplina do crioulo se estivesse fazendo, limitaríamos, no campo da ação cultural, a alfabetização em português:

I) à área de Bissau, onde a população, dominando perfeitamente o crioulo, tem familiaridade com o português. Aí, sobretudo, a alfabetização em português se faria nas frentes de trabalho, em que ler e escrever esta língua podem significar algo importante para os que aprendem e para o esforço de reconstrução nacional;

II) a certas áreas rurais, quando e se os programas de desenvolvimento econômico-social exigirem dos trabalhadores habilidades técnicas que, por sua vez, demandem a leitura e a escrita do português. Neste caso, se o crioulo não é falado fluentemente como se dá em Bissau, impõe-se, ainda, o reestudo da metodologia a ser usada para o ensino da língua portuguesa.

Em qualquer dos casos, porém, se faria indispensável discutir com os alfabetizandos as razões que nos levam a realizar a alfabetização em português.

Percebe-se, assim, quão limitada seria a ação no setor da alfabetização de adultos. E que fazer com relação às populações que não se encontram nas hipóteses referidas? Engajá-las, pouco a pouco, em função das limitações de pessoal e de material, num esforço sério de animação ou ação cultural. Em outras palavras, na "leitura", na "releitura" e na "escrita" da realidade, sem a leitura e a escrita de palavras.

A ação cultural, enquanto ação político-pedagógica que inclui a alfabetização, nem sempre, porém, está obrigada a girar em torno dela. Muitas vezes é possível e, mais do que possível, necessário trabalhar com comunidades na "leitura" de sua realidade, associada a projetos de ação sobre ela, como hortas coletivas, cooperativas de produção, em estreita ligação com esforços de educação sanitária, sem que, porém, a população necessite ler palavras. Donde podemos afirmar que, se todo aprendizado da leitura e da escrita de palavras, numa visão política tal qual a do PAIGC e a nossa, pressupõe, necessariamente, a "leitura" e a "escrita" da realidade, isto é, o envolvimento da população em projetos de ação sobre a realidade, nem todo programa de ação sobre a realidade implica, inicialmente, o aprendizado da leitura e da escrita de palavras.

Visando à mobilização das populações, à sua organização para que se engagem em projetos de ação transformadora de seu meio, a ação cultural deve partir de um conhecimento preciso das condições deste meio; de um conhecimento das necessidades sentidas das populações, de que a razão de ser mais profunda nem sempre já foi percebida e claramente destacada por elas.

A "leitura" da realidade, centrada na compreensão crítica da prática social, lhes proporciona esta clarificação. Não foi por acaso que um participante de excelente programa de ação cultural, ou de animação cultural, ou de educação popular, não importa o nome que se lhe dê, de Sedengal, afirmou: "Antes, não sabíamos que sabíamos. Agora, sabemos que sabíamos e que podemos saber mais."

Parece fora de dúvida que este camarada, que se vem apropriando de uma compreensão crítica do que é o conhecimento, de sua fonte, ao fazer aquela afirmação, não se referiu ao domínio precário que vinha exercendo, penosamente, sobre uma ou outra palavra geradora em português. Referia-se, sim, às dimensões da realidade que ele vinha desvelando, com os outros, no trabalho produtivo, na horta coletiva.

Um dos problemas que se colocam, no momento, no caso específico de Sedengal, é a resposta concreta à última parte do discurso daquele camarada, que deve expressar o nível de curiosidade não só dele mas dos demais. Isto é, a resposta, traduzida em termos de ação e reflexão, ao que ele diz tão claramente: "agora sabemos que podemos saber mais." O que se impõe é a definição com eles, do que deve constituir-se como "universo" de conhecimento apontado no "agora sabemos que podemos saber mais". Em outras palavras, delimitar o que se pode saber mais.

Observe-se, por outro lado, o indiscutível nível de abstração teórica expresso no discurso, independentemente de não ser o seu autor alfabetizado. Ele parte da afirmação de que "antes não sabiam que sabiam". Ao descobrir, engajados na produção de caráter coletivo, que sabiam, infere, corretamente, "que podem agora saber mais", mesmo que não delimite o objeto a ser conhecido. O fundamental, em seu discurso, no momento em que o fez, era a afirmação geral em torno da possibilidade real de conhecer mais.

Não há dúvida de que seria interessante se esforços de ação cultural como o de Sedengal, para falar só neste, pudessem já incluir, com êxito, a alfabetização. Independentemente dela, contudo, Sedengal se afirma, cada vez mais, hoje, a nível nacional, na Guiné-Bissau. E se afirma não porque os participantes dos Círculos de Cultura tivessem chegado a poder escrever e ler pequenas frases em língua portuguesa mas porque, em certo momento da inviável aprendizagem daquela língua, descobriam o possível: o trabalho coletivo. E foi dando-se a esta forma de trabalho, com a qual começaram a "reescrever" sua realidade e a "relê-la" que tocaram e despertaram a comunidade toda e, tudo indica, poderão tornar Sedengal um caso exemplar.

Nenhum texto nem nenhuma leitura mais correta poderiam ter sido apresentados no encerramento da primeira fase de atividades dos Círculos de Cultura de Sedengal, de que o camarada Mário Cabral participou, do que a horta coletiva, do que a presença atuante de uma população engajada no empenho de reconstrução nacional.

Sedengal é já um exemplo concreto, incontestável, do muito que se pode fazer no país, através da ação cultural sem a alfabetização; é uma fonte riquíssima de aprendizagem, de capacitação de novos quadros.

Parece-nos que em Có, onde se encontram, como se sabe, condições altamente favoráveis, se poderia tentar uma segunda frente de ação cultural, integrando-se saúde com agricultura, mesmo que se pudesse ter, como ponto de partida, a saúde. Para isto, procuraríamos elaborar um manual sobre educação sanitária, dirigido aos animadores e contendo as noções mais elementares sobre como pode a comunidade, pelo trabalho coletivo e pela transformação do meio, melhorar a sua saúde e prevenir doenças.

Um anteprojeto deste manual, elaborado aqui em suas linhas gerais, seria levado em setembro a Bissau, onde, se aceita a nossa proposta, seria revisto pelos especialistas nacionais e, em seguida, mimeografado. Em outubro, se faria a capacitação dos animadores e se começaria o programa em seus primeiros momentos.

O desenvolvimento da experiência, a ser bem acompanhada e permanentemente avaliada, serviria para aperfeiçoar a formação dos animadores, testar e melhorar o manual e desafiar a inventividade de todos, no que diz respeito à criação de novos materiais de apoio. De novas formas de linguagem, adequada à realidade, com que a comunicação se faça mais eficientemente.

Se se tratasse de uma área cuja população se achasse pouco trabalhada do ponto de vista político, outro procedimento inicial teríamos de ter. Todos sabemos, porém, o que vem representando a atuação do Centro Máximo Górki junto às populações das tabancas de Có, bem como o papel que junto a elas tem jogado, também, o comitê do partido.

Desta maneira, de um lado, teríamos Sedengal marchando, desenvolvendo novos conteúdos programáticos de ação cultural, com a colaboração, hoje, cada vez maior, do Comissariado de Agricultura, a que o de Saúde se juntará; de outro, o projeto de Có e ambos, como disse antes, constituindo-se como fontes de experiência e centros dinâmicos para a capacitação de quadros a trabalhar em programas de outras áreas.

Estas são, em linhas gerais, amigo e camarada Mário Cabral, as considerações que gostaríamos de fazer chegar a você, um mês antes da ida aí de Miguel, Rosiska e Claudius.[26]

> Com um abraço fraterno de Elza e
> meu à camarada Beatriz e a você, ao qual
> a equipe toda junta o seu também,
> Paulo Freire

---

[26] Miguel D'Arcy de Oliveira, Rosiska D. de Oliveira e Claudius Ceccon (IDAC).

Me lembro finalmente de que na minha última conversa com o presidente Luís Cabral, ao insistir, delicadamente, sobre o tema, reafirmando que o português não era a língua do povo guineense, ele me disse, com ar reticente: "Teremos de lutar bastante contra opiniões opostas ao que você afirma, entre nós mesmos."

Evidente que os colonizadores passam o tempo todo do seu domínio testemunhando aos colonizados que a única língua bonita, culta, capaz de expressar a beleza e a exatidão é a sua. Para eles, os colonizados não têm propriamente uma língua.

ANTONIO: Eles têm dialetos.

PAULO: Como também a história do colonizado, do ponto de vista do colonizador, começa com a chegada do colonizador.

Por isso mesmo o crioulo, como expressão colonizada, sempre foi visto pelo colonizador como algo inferior, como uma "coisa" feia, pobre, incapaz, por exemplo, de expressar a ciência, a tecnologia, como se as línguas não se alterassem historicamente, em função do próprio desenvolvimento das forças produtivas, como se as línguas nascessem feitas.

É natural que o crioulo revele enormes dificuldades com relação à ausência de palavras que traduzam experiências do mundo científico, tecnológico ou artístico. Mas, como disse antes, as línguas não "nascem" feitas. Não há razão, por exemplo, para o português, o francês, o alemão se sentirem diminuídos porque precisem usar a palavra inglesa *stress*, para citar só esta.

Como vês, estávamos não apenas advertidos de toda esta problemática, mas também esforçando-nos por oferecer uma contribuição séria e coerente na busca de soluções.

Vivia diretamente também este mesmo problema em Angola, em São Tomé e Príncipe e em Cabo Verde, e o acompanhava ainda que de longe em Moçambique. E reconhecia as dificuldades de ordem política, enormes, que as lideranças de Angola e Moçambique enfrentavam e enfrentam com relação à questão da língua.

Reconhecíamos que estávamos diante de um sério problema, de solução nada fácil, qualquer que fosse o ângulo em que o analisássemos: o ideológico, o político, o técnico-científico, o financeiro. Mas sabíamos igualmente, e devo insistir neste ponto, que não deveríamos esconder as nossas posições em face dele. Pelo contrário, devíamos explicitá-las às autoridades com quem trabalhávamos. Foi isto o que fizemos.

Agora, Antonio, a leitura de qualquer livro, e não apenas a das *Cartas à Guiné-Bissau*, exige, de quem a faz, isto que chamaste de atitude crítica — uma análise em torno das apreciações teóricas do autor, de suas propostas, da posição política do autor, de sua coerência etc.

Será que o que está dito no livro quando se discute, por exemplo, o papel de sujeito cognoscente que o educando deve assumir é um sonho possível a ser perseguido ou não? Quando se fala no livro, da relação mais radicalmente democrática entre o educador e o educando numa sociedade revolucionária, é isto um sonho possível ou não?

E se estes, como outros sonhos, não foram vividos por *n* razões, não significa, repito, que sua validade desapareça.

Já se disse também, com relação à minha participação no esforço educativo da Guiné-Bissau, que eu teria feito um puro transplante da experiência brasileira. Na verdade não houve isto. O que não se justificaria, por exemplo, é que — tendo defendido no Brasil a tese de que a alfabetização de adultos é um ato de criação, é um ato de conhecimento, um ato político, a tese de que o alfabetizando deve assumir o papel de sujeito de sua alfabetização, em colaboração com o educador (o que defendi também no Chile, na Nicarágua, em Grenada) — dissesse o contrário noutro contexto. Se no Brasil insisti e insisto em que a leitura da palavra é precedida pela leitura do mundo, por que dizer o contrário somente porque estava na Guiné-Bissau? Se, no Brasil, insisti em que, numa posição substantivamente democrática, as palavras geradoras com as quais organizar o programa de alfabetização deveriam vir do contexto dos alfabetizandos e não apenas expressar a escolha técnica dos educadores, por que dizer o contrário noutro contexto? Se no Brasil, como também no Chile, insisti tanto em que os alfabetizandos se tornassem autores também de seus textos, por que defender o contrário em outro contexto?

Finalmente, Antonio, te direi algo agora pouco humilde; continuo lendo as *Cartas à Guiné-Bissau*, continuo aprendendo com o que escrevi. Há uma validade teórica no livro que não pode ser negada. Acho que continuam de pé as grandes linhas das propostas que fiz na Guiné-Bissau.

Antonio: Paulo, acredito que, nessa sua análise, a confrontação entre os sonhos possíveis, o abismo que há entre esses sonhos e o resultado, não negam, como você disse, o valor do livro. Reitero que, antes de começar minhas notas críticas, afirmei que se trata de um bom documento, um documento que deve ser lido crítica e criadoramente.

O perigo que eu via, por exemplo, na leitura que se fazia na América Latina, é de que fosse uma leitura não crítica, não criadora.

Paulo: Esta é às vezes a mesma leitura que se faz, por exemplo, de *O que fazer?*, de Lênin, e eu não quero de maneira nenhuma comparar *Cartas à Guiné-Bissau* com *O que fazer?*, de Lênin. No caso, porém, de uma leitura pouco crítica, não na América Latina mas no mundo, de qualquer livro, a culpa não pode recair no autor. Estou de acordo contigo quando cobras uma leitura crítica.

Antonio: Exatamente.

Paulo: Eu sempre digo, ler não é "passear" sobre as palavras.

Antonio: Certamente. Parecem-me fundamentais essas explicações que têm que ver diretamente com o contexto histórico que não permitiu que esse sonho se realizasse. Parecem-me como a continuação do livro, para explicar o que eu exigia: "o processo educativo geral que explicaria a experiência e o livro...."

Paulo: Exato.

Antonio: "...explicaria suas propostas teóricas, e seus sonhos irrealizáveis na medida em que o contexto histórico impôs certas limitações."

E agora, dentro desse contexto histórico, eu afirmo aqui — e não li entre parênteses o que havia posto em minhas notas — que "os companheiros líderes desses países diziam que, por razões históricas, a língua portuguesa deveria ser aceita como a língua..."

PAULO: Não sei, Antonio, não creio que os companheiros de Angola, de Moçambique, tenham dito isso, tenham pensado que eram razões históricas.

ANTONIO: Quando digo *histórico*, Paulo *(risos)*, penso no político e no ideológico. Por quê? Porque, quando digo histórico, estou pensando fundamentalmente no problema que é real na África, o das lutas tribais. E esse é um problema histórico para eles; eu o ouvi dos responsáveis e por isso é importante dizê-lo: durante minha experiência em São Tomé e Príncipe, à minha pergunta de qual a razão de ser o português a única língua que poderia se constituir no veículo de alfabetização e de pós-alfabetização, eles responderam que a razão estava em não permitir que "renascesse ou se manifestasse uma luta tribal, porque existem três ou quatro línguas e o crioulo de São Tomé e Príncipe não abrange toda a dimensão do país".

PAULO: Eu acho que foram antes razões de ordem política e ideológica. Esta a que você se refere compreende, sem dúvida, quase todas as demais. O que eu creio é que há outras razões também.

ANTONIO: Sem dúvida.

PAULO: Mas, de qualquer maneira, noutro parêntese, que te peço, a alfabetização em língua portuguesa em São Tomé não chega a constituir uma violência.

ANTONIO: Indiscutivelmente, o problema de São Tomé constitui um problema à parte, porque se trata de um país em que a língua portuguesa é falada pela grande maioria da população.

PAULO: Por causa do bilinguismo de que já falei.

ANTONIO: Em todo caso, você tem razão quando diz que, embora seja certo que a leitura da realidade passa pelo domínio da língua portuguesa, nesse momento histórico determinado, existe sem dúvida uma lógica diversa nas línguas culturais que pertencem às etnias.

PAULO: Mas lógico que há!

ANTONIO: E, nesse sentido, a proposta que tanto você como eu fazíamos e fazemos é a da conservação do bilinguismo.

PAULO: Lógico que é!

ANTONIO: A proposta que fazíamos em São Tomé e Príncipe é que, se era necessário começar pelo português em virtude de razões históricas concretas que já citamos, era também necessário valorizar as diferentes expressões linguísticas de cada um dos grupos étnicos existentes. Creio que isto é um obstáculo sério, essa necessidade de fazer reviver, de provocar as lutas entre culturas étnicas diferentes.

Lembro que esse é um problema que atinge tão diretamente a África, que em 1980, convidado a participar da reunião sobre educação de adultos organizada pelo ICAE, em Paris, eu me referi a esse aspecto, o da necessidade da criação de um Estado-nação, representando as diversidades, ou seja, a unidade seria alcançada através da diversidade, e isso implicava, então, alfabetização em línguas — em línguas e não em dialetos.

Paulo: Exato.

Antonio: Eu afirmei na ocasião que talvez a única saída fosse um bilinguismo que pudesse ser múltiplo, isto é, uma língua generalizada para todos e diferentes línguas que permitissem, digamos, as expressões culturais, a valorização do específico.

Paulo: Isso, claro. Como a Suíça.

Antonio: Esse respeito às diversidades, em vez de atentar contra a unidade da nação, deveria enriquecê-la.

Porém, todos esses países africanos escolheram o inglês como um dos elementos fundamentais do ensino, exceto alguns poucos países, como a Tanzânia.

Paulo: Que mudou sua escolha.

Antonio: Que a mudou posteriormente, em parte por exigências da realidade. Mas, sem dúvida, em muitos desses países, uma língua, a do colonizador, é imposta para dar um fim, segundo afirmam, às lutas tribais que poderiam surgir, bem como ao problema da luta pelo poder etc.

Lembro-me de que alguns dos representantes, ouvindo essa tese da unidade na diversidade, pediram ao moderador para permitir-me explicar melhor tudo isso que eu dissera.

É curioso que, em uma conferência, se peça a alguém que explique uma tese em quinze minutos. *(risos)* Eu respondi ironicamente: "Mas é necessário que eu explique algo que me parece óbvio?" Isto mostra a importância dessa situação para a África, que implica um problema econômico fundamental. É muito difícil que um país que nasce, que tem de reconstruir-se economicamente, que sofre todas essas pressões políticas e econômicas que você mencionou, é muito difícil que um país assim possa responder a todo esse esforço econômico que significa, primeiro, estudar a língua — porque em geral todas essas línguas não estão escritas. É preciso estudá-las para poder escrevê-las e, em seguida, alfabetizar através da língua escrita.

Penso que, na Guiné-Bissau, essas dificuldades permitiram uma experiência importante. O fato de que não se tenha podido alfabetizar em português, em algumas regiões, exigiu a valorização da oralidade como elemento para alfabetizar, em outros domínios, como, por exemplo, alfabetizar no desenvolvimento, alfabetizar na saúde etc., em suma, utilizar a linguagem oral como elemento de educação do povo.

Gostaria ainda de fazer algumas observações e de que você refletisse sobre elas.

Dizíamos antes que toda nova pedagogia implicava uma reinvenção, uma recriação da pedagogia. Penso que um dos problemas que tive na Guiné-Bissau (eu me colocava essa questão quando você falava de suas reuniões com os outros ministérios) foi o de que na educação vocês propunham uma releitura pedagógica, uma reinvenção da pedagogia, e eu tenho minhas dúvidas se essa mesma atitude existia nos outros ministérios. Ou seja, no Ministério do Desenvolvimento, propor uma releitura do processo de produção partindo desse conhecimento, dessa tecnologia encontrados nas diferentes culturas. E eu me atrevo inclusive a dizer que talvez o ministro da Economia não tivesse esse mesmo espírito de partir do conhecimento básico da população.

PAULO: O Ministério do Planejamento, não há dúvida, tinha esta mesma visão.

ANTONIO: Este, sim. Mas quanto aos outros?

PAULO: Não seria capaz de responder categoricamente com relação a todos os ministérios. Tua pergunta é, porém, absolutamente fundamental. No fundo, implica o seguinte, teoricamente: não é possível a reinvenção de nada em si.

ANTONIO: Exatamente. É a esse ponto que eu queria chegar.

PAULO: De maneira mais acadêmica, talvez pudéssemos traduzir a tua pergunta teoricamente dizendo o seguinte: não é mudando as partes que se muda o todo, mas é mudando o todo que se mudam as partes.

ANTONIO: Perfeito.

PAULO: Um dos esforços nossos ao longo do trabalho que realizamos na Guiné-Bissau foi defender a necessidade desta visão globalizante do processo de transformação ou de reconstrução nacional. Visão globalizante profundamente negada pela prática burocrática, pela compreensão colonial da administração herdada pelos nacionais com a expulsão dos colonizadores.

É importante e justo salientar que sempre fomos muito bem-recebidos, como bem-recebidas eram também as sugestões no sentido de uma prática interministerial, de tal maneira que num mesmo projeto se juntassem a educação, a agricultura, a saúde, o planejamento econômico. O difícil era materializar os projetos. Mais uma vez sublinho que a não realização em si de uma proposta não a invalida. Haveria razões explicando as dificuldades para a efetivação de um tal esforço.

Às vezes, os críticos não conseguem apreender o movimento interno, dinâmico, contraditório da realidade em que o criticado atuou. Quando menos se espera, o governo aceita um projeto de desenvolvimento que põe por terra as propostas feitas no campo da educação, da cultura, da saúde, da agricultura. Recordo agora aquela afirmação de Ladislau Dowbor: "Enquanto vocês discursam sobre propostas bonitas e corretas de reinvenção da educação, uma multinacional destrói esse discurso com dois projetos econômicos..."

ANTONIO: Ou até as organizações internacionais cujo papel seria justamente o de...

PAULO: Exato, não só as multinacionais, mas elas também, que, de certa maneira, funcionam "multinacionalmente".

A coisa é muito complexa.

Certo tipo de crítica a nosso trabalho na Guiné-Bissau revela, de um lado, uma compreensão pouco abrangente do que tentamos fazer; de outro, um erro de apreciação. Em primeiro lugar, como disse antes, o "fracasso" quanto à alfabetização em português não foi devido ao chamado método Paulo Freire, mas aos fatores analisados na carta a Mário Cabral referida antes e incluída neste texto. Em segundo lugar, a nossa contribuição, mesmo pequena, alcançou áreas no campo da educação e da cultura.

Gostaria de um dia conversar com educadores e educadoras que trabalhavam e trabalham no Comissariado de Educação para saber se, nas tentativas de reformulação da educação na Guiné-Bissau, não há algo que fale de nossa passagem por lá.

Antonio: Não, não.

Paulo: Mas, afinal, isso é assim...

Antonio: A leitura que eu propunha, Paulo, visava em parte explicar por que eu estou de acordo com você em muitas coisas. O problema está em que é interessante compreender esse abismo que há entre o proposto (que não crítico enquanto proposto) e a realidade, e, então, descobrir as causas do surgimento desse abismo.

Eu insistiria nisso que você acaba de dizer, e que no fundo não é senão uma espécie de resultado provisório do que já dissemos antes, ou seja, que não se muda o todo a partir das partes, mas sim as partes a partir do todo. Uma reinvenção da pedagogia implica uma reinvenção do poder, uma reinvenção do todo, da partipação das massas que devem se manifestar em todos os projetos, tanto de saúde como de educação, como projeto político, como desenvolvimento etc., em que os próprios elementos do conhecimento popular, das respostas populares, do conhecimento das resistências populares às ideologias dominantes, devem ser a base de toda uma estratégia e uma tática para construir uma nova sociedade.

Nesse sentido, penso que estamos de acordo, e este exemplo da Guiné-Bissau permite-nos mostrar como é impossível que, da reinvenção de uma parte, por osmose se realize a reinvenção nos outros campos.

Paulo: Exato, exato.

Na verdade, Antonio, só há uma possibilidade para alguém evitar ser criticado positiva ou negativamente, correta ou incorretamente, leal ou deslealmente, como também evitar ser cooptado — é nada fazer, é nada criar.

Há críticas, porém, que, por sua grosseria, por sua inconsistência, desmerecem até um simples comentário. Entre estas, a que disse termos nós, o Departamento de Educação do Conselho Mundial de Igrejas, porque eu o representava no trabalho realizado na Guiné-Bissau e o IDAC, chegado àquele país com dinheiro que oferecêramos ao governo para que nos aceitasse como assessores seus.

É um desrespeito a nós e aos camaradas guineenses que haviam lutado nas matas de seu país para conquistar a sua independência.

ANTONIO: Acredito, Paulo, que afirmações como essa esquecem justamente o que temos exigido ao longo de nosso diálogo: a necessidade das perguntas essenciais.

PAULO: Exato.

Aproveitando a oportunidade que tive de, respondendo a tuas críticas, aclarar também aspectos que não se achavam explícitos nas *Cartas à Guiné-Bissau*, te pediria que fizesses algum comentário mais detido em torno da experiência mesmo não prolongada, que tiveste em São Tomé, experiência com que davas continuidade ao que eu havia começado e a que se juntou posteriormente o IDAC, cuja presença continua lá, através de Kimiko Nakamo, competente educadora paulista.

ANTONIO: Sim, creio que é necessário historiar brevemente esse meu trabalho, que deu prosseguimento ao iniciado por você em São Tomé e Príncipe.

Como lembrei no início deste nosso diálogo, você, em 1979, talvez um pouco provocado por mim, convidou-me a colaborar no trabalho que você estava realizando na África.

E, cerca de três meses depois, essa oferta se concretizou num pedido seu para que eu escrevesse um livro com o pessoal de São Tomé, que abordasse certos problemas que de alguma forma eu vivera em minhas experiências anteriores na África, em Moçambique, que compreendiam elementos de economia, de política, de problemas culturais etc.

Eu creio que seria interessante dizer que todas as descrições críticas do trabalho que realizamos em São Tomé estão em um pequeno livro que acaba de ser publicado no Equador, *Cultura Oral, Cultura Escrita y Proceso de Alfabetización y de Post-Alfabetización en San Tomé y Príncipe*. Neste pequeno livro, procuro fazer a história descritiva do trabalho, mas também uma história crítica, uma análise crítica do trabalho que realizamos. A experiência de São Tomé e Príncipe foi fundamental para mim, porque a minha participação equivaleu a recomeçar o redescobrimento do concreto, do qual eu fazia menção ao iniciar nosso diálogo.

Quanto ao Caderno de Cultura Popular, este pretendia provocar, desafiar o povo de São Tomé e Príncipe e nós mesmos a colocarmos problemas concretos e refletir sobre eles.

O caderno se chama *Participación y Reconstrucción Nacional* e compreende três capítulos: "Revolución y Participación", "Cultura y Participación" e "Economía y Participación". Muito bem. E como nasce esse livro? Seria interessante estudar de que maneira nasce. Creio que você já contou em outra obra o nascimento dos livros em que você tomou parte.

Nasce fundamentalmente, repito, de minhas experiências em Moçambique, ao lado de seu povo. Daí nasce a necessidade de propor determinados textos que permitiram que se fizesse uma reflexão sobre a economia, sobre a importância do econômico, a importância de compreender o que significa a produção. Estando em Moçambique em 1976, um dos primeiros anos da tomada do poder político real pelo movimento de libertação de Moçambique, a palavra de ordem, como diziam, era produzir mais. E, efetivamente, as massas populares produziram mais; só que, no momento de distribuir essa superprodução, o povo descobre a precariedade dos meios para isso: as estradas não estavam transitáveis, não havia meios de transporte; descobre que uma produção exigia armazéns para sua estocagem, pois nem toda ela podia ser distribuída imediatamente.

Daí nasce a ideia de escrever um capítulo do Caderno. Discutimos isso juntos e depois com os companheiros de São Tomé. Eles viviam mais ou menos essa mesma experiência, e se determinou que era importante refletir sobre o que é a produção, sobre o ciclo produtivo como uma totalidade, e não ver a produção unicamente como o ato de produzir. Ver que esse ato necessita de outros elementos para que o círculo da produção adquira sentido. A distribuição, o intercâmbio, o consumo. E procurar fazer com que o povo reflita sobre o fato de, faltando um desses elementos, a produção não tem sentido, ou seja, se produzimos mais e não temos a possibilidade de distribuir e consumir, a produção se perde, como se deu em Moçambique.

De modo que era necessário, a partir dos problemas concretos da população, ir mostrando, ir abrindo o espaço, desafiando a população, para que reflita sobre eles e se eduque; é preciso propor conceitos desafiadores para que se faça uma reflexão e se tome consciência de que o ato de produzir deve ser entendido como um processo e não simplesmente como um resultado.

Ligado a isto estava o problema cultural, de que já falamos muitíssimo. Em São Tomé, como de maneira diferente em outros países, coloca-se o problema da revalorização da cultura nacional, entendida como expressão multifacetária nesse momento. E, então, o problema era determinar como essa revalorização não significava a negação absoluta da cultura outra; inclusive da cultura colonizadora; era preciso fazer uma leitura dialética, uma revalorização da cultura nacional e, por sua vez, da cultura outra, inclusive da cultura colonizadora.

Compreender a importância da luta cultural como elemento fundamental na luta política e na luta econômica. Finalmente, "Participación y Revolución", porque, como se diz em um dos pequenos textos, a responsabilidade do processo revolucionário não é somente dos dirigentes, mas do povo inteiro.

PAULO: Totalmente de acordo. Revolução sem povo é golpe de Estado.

ANTONIO: Fracassa por completo.

A questão da participação, da criação de uma nova forma de poder, de uma nova forma de participação, era um problema latente, um problema importantíssimo, fundamental para o êxito do processo de transformação da sociedade.

E assim, em textos muito simples, provocadores, poéticos, como você os chamava, desafiávamos às massas e a nós a refletir sobre uma nova forma de participação e uma nova forma de poder, sobre a reconstrução, a recriação de uma organização distinta, a reestruturação da sociedade etc. Havia textos que colocavam que a revolução não é da responsabilidade apenas do homem, dos líderes, mas também das mulheres; não só dos adultos, mas também das crianças e dos velhos; textos que propunham que cada um desses grupos sociais, divididos por idade, sexo, pelas funções exercidas na sociedade, no processo social, todos eles tinham a obrigação de tomar parte no processo revolucionário, para que esse processo obtivesse realmente êxito, no sentido de construir uma sociedade diferente e melhor.

Creio, portanto, que essa experiência de uma primeira discussão com você e em seguida com os responsáveis era uma forma de participação de todo o povo para determinar se o texto nos desafiava realmente.

Paulo: Te lembras? Jamais publicamos nenhum dos textos, sem primeiro submetê-lo até ao presidente da República. O presidente lia os textos e depois me escrevia, autorizando sua publicação.

Antonio: E muitos dos textos foram alterados por eles mesmos; recordo-me que propuseram mudanças não apenas de sintaxe, como também do conteúdo, de conceitos que representavam realmente a carne e a vida do povo.

Paulo: Eu me lembro de um fato a que faço referência agora pela primeira vez. Com alegria, mas sem vaidade. Um mês depois de haver mandado cópias do texto que escrevera para a pós-alfabetização ao presidente e aos ministros, além das que enviara à equipe de educadores do Ministério, recebi uma carta do presidente Manuel Pinto da Costa, dizendo-me que, com aquele texto, eu me tornava um pouco cidadão são-tomense.

Lembro também a reação bastante positiva que o então ministro da Educação teve ao livrinho. Me dizia, numa conversa que tive com ele em Bissau, durante o encontro de educadores dos cinco países irmãos de que falei antes, que sua intenção era possibilitar o uso do livro também aos alunos das primeiras séries do ginásio ou liceu.

Tenho a impressão, porém, de que isto não ocorreu, o que de certa maneira lamento, pois me parece que uma leitura crítica daqueles textos seria interessante para os jovens ginasianos.

Publiquei há dois anos no Brasil um pequeno livro que já está na oitava impressão, recentemente traduzido para o espanhol, no México, e traduzindo-se para o inglês — *A importância do ato de ler*.[27] A terceira parte desse livro é um amplo artigo sobre alfabetização e pós-alfabetização em São Tomé e Príncipe, em que transcrevo e discuto a maior parte dos pequenos textos do livro de que falo agora.

Tenho recebido comentários favoráveis de educadores que trabalham em áreas populares em São Paulo e usam, com êxito, um ou outro dos pequenos textos para discussão com grupos populares, esclarecendo algo sobre o contexto a que se referem.

---

[27] Paulo Freire, *A importância do ato de ler em três artigos que se completam*. São Paulo: Cortez, 1982.

Não sei se tens alguma informação a dar mais recente sobre o caso.

ANTONIO: Estive duas ou três vezes em São Tomé e Príncipe, após sua partida, em 1980. E vi o uso dos textos atualmente, na pós-alfabetização.

PAULO: Ah, sim! Ótimo.

ANTONIO: Agora, o que ocorreu — e isso foi discutido com eles — era que havia um salto bastante grande entre o primeiro caderno, que era o de aprendizagem, o do primeiro domínio da leitura e da escritura, e o segundo caderno...

PAULO: Mas havia um outro que eu escrevi, intermediário, te lembras?

ANTONIO: Sim, havia um caderno de exercícios.

PAULO: Exato!

ANTONIO: E então eles haviam resolvido o problema colocando esse caderno de exercícios como o segundo caderno, como a continuação do primeiro.

PAULO: Sim, sim, é uma questão apenas de...

ANTONIO: ...apenas de medir o avanço dos educandos para acomodar os textos.

PAULO: Me parece claro.

ANTONIO: Perguntaram o que me parecia uma ou outra resolução que haviam tomado. Minha opinião era já um pouco tardia, não? *(risos)* Porque eles já haviam tomado a decisão, motivados ou exigidos pela realidade. Eu considerava totalmente justo que tivessem feito esse tipo de acerto.

PAULO: Evidente!

ANTONIO: O meu texto, o quinto caderno...

PAULO: Sim, havia um de saúde, outro de matemática...

ANTONIO: Exatamente. Pois bem, haviam colocado o quinto caderno antes do segundo, porque consideravam os textos de compreensão mais elevada para o nível em que estavam; e o segundo caderno, então, ficava para a última parte da pós-alfabetização.

Creio que era apenas um problema de nível de abstração; creio que o quinto caderno correspondia mais — como me disse um colega — a realidades concretas que eles estavam vivendo: o problema da produção, da participação etc.

PAULO: Sim, se bem que os textos que escrevi tinham que ver também com o concreto. Há três sobre o ato produtivo.

ANTONIO: Sem dúvida.

Penso que era a própria realidade que estava exigindo isso. Os alunos, por sinal, eram os que participavam da escolha, porque nossos camaradas tomaram essas decisões graças ao diálogo permanente com os educandos e assim se determinou que essas mudanças tinham de ser feitas.

Em todo caso, eu tive o privilégio, eu diria, e a alegria, a emoção — e você bem sabe o que significa essa emoção — de encontrar-me com as pessoas lendo e discutindo os textos que "nós" escrevemos.

PAULO: Esta emoção eu conheci também. Estando já no Brasil, tive a oportunidade de, em minha última estada em São Tomé, visitar alguns grupos de pós-alfabetização que liam e discutiam razoavelmente os dois primeiros textos do caderno. Quando falas da emoção que sentiste, eu entendo. A que tive talvez tenha sido mais forte do que a que experimento quando participo da análise de livros meus, outros, em seminários universitários.

ANTONIO: Ah, isso é maravilhoso, é uma emoção que dificilmente pode ser descrita. Recordo-me de que cheguei a São Tomé quando já se estava fazendo uso desses textos. Convidaram-me a vir aos Círculos de Cultura e eu pedi que não anunciassem que havia sido eu um dos cúmplices dos textos. Assim, participei como anônimo e vi as pessoas trabalharem sem aviso, sem nada, e o animador continuar sem saber, ele próprio, que eu havia sido um dos cúmplices do texto em discussão. Creio que, na medida em que todos participam da elaboração de um texto, este se transforma em obra de um anônimo, pertencente ao povo, em última instância.

É emocionante descobrir como os textos são provocadores, desafiadores em discussões em que cada um dos participantes lança exemplos com base em suas próprias experiências individuais. Isso significa que o texto cumpriu o elemento de desafio justamente para que o povo refletisse sobre suas experiências pessoais e coletivas. De modo que, respondendo a sua pergunta até 1982 para sua utilização, os textos sofreram apenas um remanejamento que obedeceu a exigências de adequação aos diferentes níveis de abstração.

PAULO: Ah, sim, não sabia. Não imaginas que alegria estás me dando, porque isso coincide com uma sugestão que fiz em minha primeira visita ao país.

Antonio: Em 1982, em minha última viagem, falei com o ministro e o encarregado da Agricultura a respeito de continuar fazendo novos textos — isto eu relato em meu livro publicado no Equador.

Não sei se você se recorda de que existia um Departamento de Cultura, no Ministério da Educação, cuja tarefa era registrar depoimentos dados por pessoas velhas, coletando lendas e testemunhos históricos. Pois bem, eu trabalhei muitíssimo, ao lado de membros desse Departamento. Ia com eles ouvir esses velhos — até posso lhe contar uma anedota para que você veja a importância da lógica da oralidade. Gravamos três vezes uma mesma história contada por um velho, em dias diferentes. Eu queria saber se havia uma criação permanente, ou se havia falhas de memória. Mas depois, escutando as diferentes versões, descobrimos que eram a mesma, inclusive na cadência, no ritmo, nos silêncios. É um registro perfeito e extraordinário, a memória do povo. Por isso, eu lhe dizia, Paulo, da importância da oralidade como linguagem de transmissão, de criação de cultura, de educação etc.

Paulo: Em minha primeira visita a São Tomé, conversando com o presidente Manuel Pinto da Costa, no palácio, me referia à possibilidade de concretização de um projeto que não seria, de resto, muito custoso, em torno da salvaguarda da memória histórica e social que, numa cultura preponderante ou exclusivamente oral, se encontra nas lembranças dos mais velhos.

Falei ao presidente, então, de um trabalho assim, em curso na Guiné-Bissau, e de um outro que conhecera na

Tanzânia, nos anos 1970. Me parecia, dizia eu ao presidente, que seria importante atrair para o país, por um período de dois ou três anos, um jovem ou uma jovem de séria formação científica no campo da pesquisa histórica, a quem caberia formar auxiliares nacionais que se tornassem capazes de levar a cabo o projeto e de ampliá-lo também.

Para mim, se há algo fundamental a ser feito por nós em nosso trabalho de assessoramento é ajudar povos que lutam por sua afirmação a que se ajudem, capacitando seus quadros e não insistindo em ficarmos.

Agora, quando me falas deste empenho realizando-se em São Tomé, fico realmente contente, não porque pense que resultou da minha conversa com o presidente. É possível que o tema tratado naquela tarde no gabinete do presidente tenha ficado ali. Não importa. O que vale é que se está fazendo algo de importância real.

ANTONIO: Alegro-me muito que você, consciente ou inconscientemente...

PAULO: Exato, não importa.

ANTONIO: Não importa. O que conta é a existência desse Departamento e a vontade real que se concretizam na ação de recuperar essa memória do povo, de valorizá-la, de valorizar a história do povo que está se fazendo.

PAULO: Exato! A recuperação dessa memória através do recolhimento de estórias populares, de mitos da cultura, em textos organizados com o respeito à sintaxe popular, é algo na verdade que urge ser feito. Me lembro de que certa vez propus à ministra da Cultura, Alda Espírito Santo, o aproveitamento das estórias e dos contos do povo para a criação de uma coleção de literatura popular.

Já que estamos fazendo, agora, um pouco da história de nossa passagem por São Tomé, gostaria de referir-me a outro projeto que, ainda quando não tenha podido ser realizado, preserva a sua importância. Tenho a impressão até de que te falei dele na época. No fundo, o projeto girava em torno de publicações — Cadernos de Cultura — em que estudássemos, em linguagem simples, objetiva, o Poder Executivo, o Judiciário e o Legislativo. O que é o Ministério da Educação, o da Saúde, o da Agricultura, o das Relações Exteriores, o da Segurança Nacional. O que é o Tribunal de Justiça, o que é a Assembleia Popular, seriam Cadernos de Cultura que constituiriam esta série. Um conjunto de textos que, de fato, comporiam uma espécie de introdução à teoria do Estado são-tomense.

Cheguei a conversar com vários ministros sobre o projeto. Não houve sequer uma reação contrária. Não foi possível, porém, naquele momento, organizar uma equipe nacional com a qual pudesse trabalhar na elaboração dos textos. Desta forma, o projeto se inviabilizou. Sua relevância, contudo, é indiscutível e creio que, um dia, será materializado.

ANTONIO: Estou totalmente de acordo com você e acredito que os dirigentes de São Tomé estão conscientes da necessidade de realizar essas publicações.

Devemos, no entanto, atentar para o aspecto econômico, as pressões econômicas e políticas vindas do exterior e que impedem a realização de sonhos possíveis.

PAULO: Isso, exato. Basta uma queda no preço do cacau, no mercado internacional, para o país sofrer consequências imediatas.

ANTONIO: Sem dúvida. Gostaria de aprofundar, no entanto, a questão das lendas e dos testemunhos históricos. Participei de uma ou duas viagens, junto com o Departamento de Cultura, com a finalidade de recolher justamente essa realidade, essa história oral, tanto em nível do imaginário, as lendas, os mitos, como em nível de testemunhos históricos daqueles que sofreram a colonização em sua própria carne. A história vivida individual e coletivamente pelo povo de São Tomé.

Esse processo está em marcha e não se encerrou. Com uma série de lendas e de testemunhos históricos, elaboramos um pequeno caderno que se chama *Testimonios Históricos y Leyendas Populares*, que iriam constituir o sexto Caderno. Na verdade, foi o povo quem escreveu; nele nós não tivemos nenhuma participação, foram eles que o escreveram; inclusive os textos estão exatamente como nos foram relatados. Respeitamos a sintaxe, o emprego dos verbos em que se passa do *nós* para o *tu* e do *tu* ao *nós* etc. Parece-me que é importante preservar esse aspecto, que é uma expressão profunda da linguagem popular.

PAULO: Lógico, lógico!

A este respeito, me parece haver, numa correta prática de educação popular, quatro caminhos para o uso de textos. O primeiro, o do uso de textos produzidos pelos grupos populares com a ajuda mínima necessária dos educadores; o segundo, o daqueles produzidos pelos educadores enraizados, porém, na realidade dos educandos; o terceiro, o emprego de textos elaborados pelos grupos populares e os educadores em estreita relação e, finalmente, o quarto, o de textos escritos, não importa por quem, cuja leitura, por esta ou aquela razão, é de interesse dos grupos populares.

ANTONIO: Agora esse caderno, junto com outro, que "deveria" ser o sétimo — não importa a cronologia, porque como já vimos *(risos)*, o problema é adaptado ao nível de compreensão dos educandos; enfim, propusemos, em conjunto com membros do Ministério da Agricultura, um caderno chamado *Biologia Popular y Reconstrucción Nacional*. Por que biologia popular? Porque pretendíamos ensinar biologia, partindo do conhecimento da biologia que o povo detém, isto é, estudando as plantas que o povo utiliza, tanto na medicina como na alimentação, ou as plantas e os produtos vegetais que exporta, importantes para a economia do país. E então, a partir desse conhecimento empírico, começar uma análise para valorizar e enriquecer esse conhecimento "empírico" com o conhecimento científico.

PAULO: Isso, exato. Excelente isso!

ANTONIO: O que permitiria, Paulo, fundamentalmente:

1°) melhorar a alimentação, conhecendo a importância proteica dos alimentos que eles já utilizam;

2°) melhorar a saúde, na medida em que se estudam as técnicas empregadas pelo povo para preservar sua saúde, fazendo-lhe ver que esses elementos são insuficientes, e mostrar-lhe que o conhecimento "empírico" do povo e as propostas da medicina "moderna" não se negam e devem enriquecer-se mutuamente;

3º) um maior conhecimento do ciclo vital das plantas que apresentam importância para a economia do país, o que possibilitaria uma produtividade maior com base nos conhecimentos empíricos do povo e no conhecimento científico que trazem os técnicos do país, ou seja, novamente, uma comunhão entre os conhecimentos empírico e científico.

Paulo: Isso chegou a ser feito?

Antonio: Os livros estão feitos e propostos ao governo. Você conhece qual é o caminho, você já o anunciou; têm de ser primeiro discutidos nas bases e depois ir até o presidente da República, passando pelos ministérios, para que os cadernos sejam aceitos e em seguida publicados.

Infelizmente, desde 1982, interrompeu-se o contato com São Tomé, houve um grande silêncio em nossas relações. Há dois meses recebi uma resposta a duas cartas em que perguntava sobre o que acontecera em nossa relação, o porquê desse longo silêncio.

Na carta, os camaradas me explicam que, por problemas econômicos que golpearam fortemente os anos de 1982 e 1983, o país sofreu uma verdadeira paralisação no processo de alfabetização e pós-alfabetização. Eis aí um exemplo para se aquilatar a importância, que já observávamos, de quanto significa *(risos)* a queda de um centavo no preço da saca de cacau.

Assim, espero que, com a renovação de nossa participação em São Tomé e Príncipe, publiquem-se esses cadernos, que já estão produzidos. Neles o povo reflete sobre sua própria sabedoria, para aumentá-la e enriquecê-la.

No *Caderno de Biologia Popular*, por exemplo, descobre-se que há produtos autóctones que podem substituir produtos importados, o que significa uma ajuda substancial na solução dos problemas econômicos do país.

Creio que seria interessante, Paulo, fazer uma crítica de certos erros que nós cometemos em alguns cadernos, por exemplo, no de medicina, no de saúde. Creio que se trata do terceiro ou do quarto, no trecho em que se fala dos alimentos, da importância dos farináceos como fonte de energia.

PAULO: Não me lembro. O texto é de uma amiga minha, dra. Julieta do Espírito Santo, médica são-tomense.

ANTONIO: Nessa passagem, dá-se como exemplo o trigo, que não é produzido nesse país, o que constitui um erro que deveríamos evitar, posteriormente.

PAULO: Exato, exato.

ANTONIO: No *Caderno de Biologia Popular*, propomos justamente que a função desempenhada pelo pão de trigo pode ser desempenhada pela fruta-pão, que conhecemos.

PAULO: Por sinal, muito gostosa.

ANTONIO: Produto mais rico do ponto de vista proteico e natural do país, que produz toneladas de frutos ao ano. Parece-me importante insistir nesse tipo de coisa. Tenho a esperança de que esses livros sejam utilizados dentro em breve.

Prosseguindo na crítica à nossa experiência, penso que um dos erros não diria graves, mas cuja superação significaria de alguma forma uma melhora do programa de alfabetização e pós-alfabetização — é o de "que este programa" deve estar estreitamente ligado aos programas de desenvolvimento, de saúde, e outros.

Paulo: Ah, é lógico. Essa exigência, Antonio, fizemos sempre e dela falei bastante em diálogos anteriores. A questão, contudo, é a seguinte: há uma distância entre a proposição feita desde o começo da nossa passagem por África e a decisão política de pô-la em prática. Chega um momento em que tu, como assessor...

Antonio: ...como participante.

Paulo: Como participante, melhor; mas um participante especial. Porque somos participantes estrangeiros e, por mais que nos consideremos camaradas e que sejamos considerados camaradas, no fundo somos, tu chileno, eu brasileiro.

Antonio: Sim, somos o Outro.

Paulo: Exato. Chega um momento em que não podes sequer insistir mais, sob pena de ficares impertinente. Mas, indiscutivelmente, qualquer tentativa de separação da prática da alfabetização de outras dimensões básicas do tecido social termina burocratizando aquela prática.

Antonio: Voltamos a que o todo deve mudar as partes e não o contrário.

Paulo: Exato, e não o contrário.

Antonio: Paulo, gostaria de desafiá-lo em algo que me tocou profundamente nesta aprendizagem que tive em São Tomé — porque, de fato, eles me ensinaram mais do que eu pude ensiná-los...

Paulo: É, isso ocorre sempre.

Antonio: Isso, creio, é fundamental.

Um dos elementos que mais me impressionaram é a forma criativa de resolver o problema da falta de professores, de animadores de grupo. Isto, em São Tomé, parece-me uma experiência fundamental.

O sistema educacional colonial destinava-se a uma pequena elite, mas o povo, ao recuperar a sua liberdade, exerceu uma forte pressão para educar-se e, assim, de 2 mil que participavam da educação passou-se para 10, 20 mil, entre os que exigiram educar-se. Então se colocou o problema de quem iria animar esse processo educativo.

É para mim uma experiência fundamental a criação dos animadores populares em São Tomé, a criação do mestre popular, no processo mesmo da educação e não em uma escola à parte (porque o processo formou não apenas o educando mas também o próprio animador). É uma experiência que vejo que se repete na Nicarágua, com diferenças históricas específicas.

Acredito que seria bom que você, com mais anos de experiência no trabalho de alfabetização e pós-alfabetização, fizesse uma reflexão histórica sobre essa forma criativa de formar mestres populares, os animadores.

PAULO: Posso fazer alguns comentários em torno do assunto, sublinhando inicialmente que a revolução cubana, ontem, realizou um grande e exitoso esforço neste sentido e que hoje a Nicarágua, sobretudo, o que era natural, depois da cruzada nacional de alfabetização, desenvolve um exemplar trabalho neste campo.

Em 1963, quando na coordenação do plano nacional de alfabetização de adultos no Brasil, preparávamos, em Brasília, equipes de educadores que se deveriam multiplicar pelo país e também formávamos educadoras e educadores que atuariam nas chamadas cidades-satélites, como alfabetizadores, distribuídos pelos trezentos círculos de cultura a ser lançados, tivemos a oportunidade de ter nos cursos de capacitação um bom número de operários. Me lembro de que, de modo geral, se saíam muito bem nos exercícios de "leitura" das codificações, mas, o que era de esperar, tropeçavam no domínio da leitura das palavras. Podemos contar, porém, com seis ou sete que revelaram competência no desempenho das funções de alfabetizadores. De qualquer modo, contudo, a experiência de formação de que fizeram parte foi tão útil a eles quanto à equipe de professores formadores.

Não tenho dúvida de que, se não tivesse havido o golpe de 1964, a experiência brasileira teria marchado para a incorporação mais ampla de trabalhadores dos campos e das cidades não apenas como professores, mas também nas tarefas de mobilização e de coordenação local da própria campanha.

No Chile, vi experiências excelentes de participação de jovens camponeses no esforço de alfabetização. Me recordo agora de uma destas experiências, a que faço inclusive referência nas *Cartas à Guiné-Bissau*, e que se realizaram em áreas de reforma agrária no que se chamava *asentamiento*. Assisti ao ponto de partida de uma dessas experiências. Numa tarde de certo domingo, numa cerimônia simples, mas cheia de sentimento, presentes representantes da corporação da Reforma Agrária e do Ministério da Educação, pais e mães, tendo em frente a si, num semicírculo, seus filhos e filhas, de modo geral com o curso primário terminado, se dirigiam a eles escolhendo cada um o seu, professor ou professora, com quem iriam aprender a ler e a escrever.

Os jovens eram tão camponeses quanto seus pais, solidários política e afetivamente com eles. Isto não significa que os filhos fossem sempre os professores dos próprios pais. Nem sempre havia esta coincidência.

Fiz parte de um dos seminários de formação organizados para os jovens e assisti também ao encerramento dos trabalhos de conclusão das primeiras turmas de alfabetizandos. Numa delas, uma camponesa sorridente me disse, apontando o jovem professor: "É meu filho. Aprendi a ler com ele."

Conheci também esforços iniciais neste sentido na Guiné-Bissau e em São Tomé e Príncipe. Minha convicção é a de que a presença atuante dos grupos populares no processo de sua educação como educadores também é absolutamente fundamental. Só numa perspectiva elitista e burocratizante é possível recusar uma tal participação.

ANTONIO: Estamos de acordo, Paulo, em que uma das experiências mais ricas dos processos de educação popular é a que mantém relação com a criação dos mestres populares. O próprio povo seleciona e cria seus próprios mestres nos processos de sua própria formação, o processo de sua própria educação. E isso me parece um ato e uma criação essencial. Alegro-me que você tenha abordado o processo educacional da Nicarágua, em nosso diálogo que chega ao fim. Alegro-me porque a Nicarágua representa o fenômeno mais importante, o processo educativo, político, econômico mais importante que se vive atualmente.

E eu aproveito para responder à pergunta que me faz em sua última carta nossa amiga Dorothy Ortner, de Nova

York. Essa pergunta relaciona-se a uma afirmação sua sobre a Nicarágua. Você disse, em uma entrevista, que a Nicarágua é uma grande escola, uma imensa escola onde o povo aprende. Dorothy quer conhecer minha opinião sobre essa afirmação. Eu diria a nossa amiga comum que não só concordo com essa afirmação, como até sinto-me no dever de aprofundá-la.

Creio que a atual experiência histórica nicaraguense poderia ser caracterizada como uma das experiências mais profundas e interessantes dos últimos anos. Penso que o povo da Nicarágua está em um processo de formar-se em todos os domínios da vida social, ou seja, no domínio da economia, da política, da sociologia, da educação, da paz, da guerra, da psicologia individual e coletiva etc.

No plano específico da educação, entendo que a cruzada da alfabetização ficou como um dos processos educativos mais importantes e essenciais de nossa época. Na Nicarágua se manifesta o que eu chamaria de uma simbiose entre a revolução política e social e a revolução educacional e cultural, porque aprendem entre elas e se auxiliam uma à outra, ou seja, na Nicarágua estaria se dando esse processo total, em que a revolução atinge todos os campos.

A revolução então se impõe a exigências de recriar o conceito de poder e o conceito de Estado — não apenas de recriar os conceitos, mas de recriar a realidade —, de recriar e concretizar uma nova concepção e uma nova ação da participação no processo de desenvolvimento, na procura e no descobrimento das necessidades reais do povo e das respostas adequadas a essas necessidades reais. Impõe-se a recriação de um sistema e de um processo educativo que devem levar à criação de uma sociedade mais justa e mais solidária.

Desde seu início, esse processo revolucionário nos vem causando admiração, uma admiração que não se funda em uma cegueira, mas numa visão crítica do processo.

Nossas relações com o processo educacional nicaraguense iniciaram-se com o convite que lhe fez o Ministério da Educação do governo da Nicarágua, para assistir à execução da Cruzada de Alfabetização. Lembro-me de que tivemos uma reunião aqui no Conselho e naquela ocasião nos perguntávamos qual poderia ser nossa contribuição à discussão, à preparação da Cruzada. Concordamos em que nossa colaboração talvez seria a de insistir junto aos companheiros nicaraguenses quanto à necessidade de programas ao mesmo tempo de alfabetização e de pós-alfabetização. Nossa experiência na África nos ensinara que a pós-alfabetização deveria ser considerada como momento superior da alfabetização, considerada esta como um processo no qual a pós-alfabetização lhe dava sentido, ou seja, sem considerar a alfabetização como um processo de educação permanente, os primeiros passos não dariam os resultados almejados.

Desde então, repito, nossas relações com a Nicarágua foram dialogar e aprender com seu povo.

E eu não sei se efetivamente a programação de pós-alfabetização foi fruto dessa mensagem que você levou com sua presença, com sua voz à Nicarágua. Mas desde esse momento vimos aprendendo, vimos tentando dialogar com o povo da Nicarágua. Esse diálogo continua por meio de cartas, de intercâmbio material e, ultimamente, por meio de um convite que me fez o povo nicaraguense, através de seu Ministério da Educação, para visitar o país, trocar experiências pedagógicas no campo da educação popular e, particularmente, no da alfabetização e da pós-alfabetização.

Nossa presença na Nicarágua foi de uma riqueza extraordinária, foi uma experiência que nos ensinou muito e muito nos exigiu, desafiou-nos através de programas de reencontros, de discussões com os responsáveis nacionais, locais, responsáveis por setor, com aqueles que participam concretamente no processo educacional. Tivemos então a oportunidade de aprofundar o conhecimento dos diferentes programas, as diferentes atividades do Ministério da Educação, e contribuímos de alguma forma, dando a conhecer os projetos educativos de que participamos, tanto na África como na América Latina. Creio que esse intercâmbio foi enriquecedor, tanto para eles como para nós, e espero que o seja em nossa ação pedagógica futura.

Nessa ocasião, tivemos a oportunidade de ver de que maneira as experiências de São Tomé e Príncipe e da Nicarágua apresentavam pontos de convergência, mas também de divergência. E isto é o interessante; que através das diferenças possamos descobrir o que somos. Descobrimos que, tanto em uma como em outra experiência, a formação dos professores populares foi um dos elementos que determinaram o êxito das cruzadas de alfabetização e pós-alfabetização. Sem dúvida, entretanto, a criação ou a formação de professores populares tem suas especificidades em cada um dos dois países.

Constatamos que os programas de educação popular se desenvolvem em países que devem proceder a uma reconstrução nacional (e isto em todos os níveis, econômico, cultural, político etc.) e que o êxito do programa de alfabetização e pós-alfabetização está concretamente vinculado ao êxito na transformação de toda a sociedade. Confirmamos que é difícil que um programa de alfabetização e pós-alfabetização tenha êxito num país onde não exista a vontade política e popular de transformar a sociedade. Constatamos também que a reconstrução nacional exigia que essas sociedades se dessem como desafio a criação de uma cultura nacional popular.

Nesta perspectiva, Paulo, tanto em um como em outro país, havia uma vontade de revalorizar as diferentes culturas populares e étnicas.

Constatamos que, enquanto em São Tomé e Príncipe havíamos utilizado todo esse descobrimento na cultura popular para elaborar materiais didáticos, o mesmo não se havia realizado ainda na Nicarágua, ou seja, não se havia utilizado todo esse material coletado para elaborar cadernos de cultura popular que pudessem servir ao povo como desafio para aprofundar, para criar uma nova cultura a partir de sua própria cultura.

Constatamos que os dois programas de ensino se faziam com base em problemas concretos, quer econômicos, quer biológicos, e que dizem respeito à vida concreta das comunidades, que o material didático era elaborado com a participação ativa do povo. Esse material didático procurava fazer coincidir os interesses da nação com Estado-nação e os interesses étnicos ou de diferentes regiões que não se mostravam antagônicos mas sim complementares. Assim, complementando os interesses políticos do povo com os interesses cotidianos das comunidades através deste grande processo de autoeducação, as comunidades contribuíam ativamente para o enriquecimento do projeto político nacional. Havia nas duas experiências a vontade de satisfazer às necessidades do povo, a partir de seu conhecimento empírico, de suas tecnologias, simples mas eficazes, que, somadas a outras tecnologias simples e estrangeiras, constituíam uma base sólida para a reconstrução do país.

Isto sobretudo no momento em que as pressões externas, política, econômica e inclusive militar, fazem-se cada vez mais fortes.

Penso que terminamos provisoriamente este diálogo com uma nota de otimismo, já que a Nicarágua representa esse sonho possível, esse desafio histórico de criar e recriar uma sociedade diferente, justa e solidária. Creio que a Nicarágua representa o processo de realização mais próximo de um sonho possível, e temos certeza, Paulo, tanto você como eu, de que a Nicarágua significará um passo importante nesse desafio histórico de criação de uma sociedade-outra, que é um desafio não só de povos isolados, mas de todos os povos do mundo.

PAULO: Estou de acordo contigo. Creio que, se a opção do povo nicaraguense for respeitada, a Nicarágua poderá, neste fim de século, dar-nos um testemunho realmente importante em torno de como reinventar uma sociedade.

Em minha primeira visita a Manágua, em novembro de 1979, falando a um grupo grande de educadores no Ministério da Educação, dizia a eles como a revolução nicaraguense me parecia ser uma revolução menina. Menina, não porque recém-"chegada", mas pelas provas que estava dando de sua curiosidade, de sua inquietação, de seu gosto de perguntar, por não temer sonhar, por querer crescer, criar, transformar.

Disse também naquela tarde quente que era necessário, imprescindível que o povo nicaraguense, lutando pelo amadurecimento de sua revolução, não permitisse porém que ela envelhecesse, matando em si a menina que estava sendo.

Voltei lá recentemente. A menina continua viva, engajada na construção de uma pedagogia da pergunta.

Títulos de Paulo Freire editados pela Paz e Terra

À sombra desta mangueira
Ação cultural para a liberdade — e outros escritos
A África ensinando a gente — Angola, Guiné-Bissau, São Tomé e Príncipe (Paulo Freire e Sérgio Guimarães)
Alfabetização: leitura do mundo, leitura da palavra (Paulo Freire e Donaldo Macedo)
Aprendendo com a própria história (Paulo Freire e Sérgio Guimarães)
Cartas a Cristina — reflexões sobre minha vida e minha práxis
Cartas à Guiné-Bissau — registros de uma experiência em processo
Dialogando com a própria história (Paulo Freire e Sérgio Guimarães)
Educação como prática da liberdade
Educação e mudança
Educar com a mídia — novos diálogos sobre educação (Paulo Freire e Sérgio Guimarães)
Extensão e comunicação
Lições de casa — últimos diálogos sobre educação (Paulo Freire e Sérgio Guimarães) (título anterior: *Sobre educação*: Lições de casa)
Medo e ousadia — o cotidiano do professor (Paulo Freire e Ira Shor)
Nós dois (Paulo Freire e Nita Freire)
Partir da Infância — diálogos sobre educação (Paulo Freire e Sérgio Guimarães)
Pedagogia da autonomia — saberes necessários à prática educativa

Pedagogia da esperança — um reencontro com a *Pedagogia do Oprimido*
Pedagogia da indignação — cartas pedagógicas e outros escritos
Pedagogia da libertação em Paulo Freire (Nita Freire, et al.)
Pedagogia da solidariedade (Paulo Freire, Nita Freire e Walter Ferreira de Oliveira)
Pedagogia da tolerância
Pedagogia do compromisso — América Latina e Educação Popular
Pedagogia do oprimido
Pedagogia dos sonhos possíveis
Política e educação
Por uma pedagogia da pergunta (Paulo Freire e Antonio Faundez)
Professora, sim; tia, não
Sobre educação vol. 2 (Paulo Freire e Sérgio Guimarães)

Este livro foi composto na tipografia Dante MT Std, em corpo 12/15, e impresso em papel off-white no Sistema Digital Instant Duplex da Divisão Gráfica da Distribuidora Record.